KB233603

제2판  채권회수전문가 김광선의

# 채권회수 핸드북

세창미디어

# 제2판을 발간하면서

　먼저 독자들의 사랑과 성원에 힘입어 이번에 제2판을 발간할 수 있게 됨을 진심으로 감사드립니다. 이번 제2판은 그 동안 개정된 법률내용이나 그 밖에 변경된 사항들을 수정, 보완하여 최신 내용으로 접할 수 있도록 하였습니다.

　이 책은 채권회수에 필요한 최소한의 기초적 지식을 체계적으로 수록하였기 때문에, 이용 대상이 일반인 등도 좋지만, 가급적이면 회사직원의 연수교재로 사용하게 되면 많은 도움이 될 것이라고 확신합니다.

　그리고 독자들께 재차 당부의 말씀을 드립니다.
　채무자로부터 돈을 받아내기 위해서 법을 무리하게 어겨가면서, 그리고 감정을 가지고 일을 처리해서는 절대로 안 됩니다. 그 이유는 돈을 받기는커녕 법에 의해 처벌만 받을 수도 있기 때문입니다.

　끝으로 이 책의 제2판이 발간되기까지 적극적으로 지원해주신 세창출판사의 이방원 사장님과 교정작업에 여러모로 많은 도움을 아끼지 않으신 임길남 상무님과 직원들 모두에게 감사를 드립니다.

2008년　10월
지 은 이

　　저자는 그 동안 채권회수실무를 하면서 느낀 점 하나가 있는데 그것은 일반적인 상식만을 가지고 법에 접근한다는 것은 쉬운 것 같으면서 어렵다는 것입니다. 어떤 법률용어 한 단어만 보더라도 그 당시는 이해를 쉽게 한 듯 싶었는데 며칠 지나고 나니까 기억이 잘 나지 않는 것이었습니다. 그러다 보니 우리네의 일상생활 속에서 어쩌다가 남에게 돈을 빌려주고 돈을 못 받게 되는 경우가 생기게 되면 그 날부터 식사의 전폐는 물론이요 아예 드러눕지 않습니까.

　　이럴 경우 여러분은 아마도 지푸라기라도 잡는 심정으로 법률사무실, 채권추심회사(대신 돈 받아주는 회사) 등을 찾아가서 상담도 해보고 의뢰도 해보는 등의 최선의 노력을 다하겠지만 예상보다 비용이 만만치 않게 들어갈 것 같고, 그나마 회수가 가능하다면 어떻게든 해보겠지만 결과가 그렇지 못할 때에는 어려운 상황에 어려움만 더하는 꼴이 되기 십상입니다. 그래서 저자는 이런 고충을 조금이나마 덜어드리고자 타인의 도움 없이도 여러분 스스로가 채권회수를 할 수 있도록 도움을 드리고자 이 책을 쓰게 되었습니다.

　　이 책의 편성내용을 보면 채권채무의 成立前後, 즉 돈을 빌려주기 前, 돈을 빌려주는 날에 있어서 상대방의 어떤 것을 확인해야 하고 채권확보는 어떻게 하는 것이 좋은지에 대해서, 그리고 돈을 받기로 한 날에 못 받았을 때에는 어떤 법적 조치를 취하는 것이 효율적인지, 또한 돈을 받아내는 방법에 있어 국가의 권력을 이용하여 채권을 회수하는 강제집행과 채무자와의 협의를 통해 채권을 회수하는 임의회수에 대해 썼습니다.

시중에는 채권회수와 관련된 책들이 많이 있습니다. 그런데 이 책들은 법률과 관련된 업무에 종사하는 사람들이나 법률을 전공한 사람들이 아니면, 책을 읽어도 말이 어렵고 내용도 딱딱하기 때문에 초보자가 읽고 실행에 옮기기에는 어려움이 많습니다. 그래서 저자는 이런 문제를 다소나마 해결해 드리고자 그 동안 실무에서 익힌 경험을 바탕으로 독자들께서 채권회수실무에 쉽게 접할 수 있도록 도와드리고자 이 책을 쓰게 되었습니다.

독자 여러분, 여러분이 채권회수실무를 접하기 前 기본적으로 지켜야 할 것 한 가지가 있습니다. 그것은 여러분이 상대방으로부터 돈을 받아내기 위해 수단과 방법을 가리지 않고 법을 어겨가면서까지 해서는 안 된다는 것입니다. 그 이유는, 경우에 따라서는 돈을 받기는커녕 법에 의해 처벌만 받을 수도 있기 때문입니다. 그리고 이 책은 여러분이 채권자라는 가정 아래 글을 썼기 때문에 채무자와의 관계에 있어서는 이해관계인의 위치에 있게 되는 것입니다. 따라서 채권자의 입장에서는 채무자로부터 돈을 받기 위해 직접 독촉하는 행위는 법적으로 문제가 되지 않으나 채무자와 이해관계가 전혀 없는 사람이 채권추심(채권자를 대신하여 채무자로부터 돈을 받아내는 것)업무를 하려면 반드시 국가(금융감독위원회)의 허가가 있어야 합니다. 만일 허가 없이 채권추심업무를 하였을 때에는 「신용정보의 이용 및 보호에 관한 법률」에 저촉되어 법의 처벌을 받게 됩니다.

끝으로 독자들께서는 이 책을 읽고 난 후부터는 돈 떼이는 일이 없으면 좋겠고, 다만 부득이한 사정으로 타인에게 돈을 빌려주고 못 받았을 경우가 생겼을 때에도 이 책에 의해 잘 해결되길 바랍니다. 그리고 이 책이 발간되기까지 적극적인 지원을 해주신 세창미디어의 이방원 사장님과 직원들에게도 이 지면을 통해 깊이 감사를 드립니다.

2004년 5월

지 은 이

# 차 례

## 제 **1** 부

# 신용조사와 재산조사

## 신 용 조 사

## 재 산 조 사

## 제 **2** 부

# 보 전 처 분

## 제 3 부

# 채 권 회 수

# 제 1 부

# 신용조사와 재산조사

제 1 부

# 신용조사와 재산조사



## I. 돈을 빌려주기 前의 확인

　돈을 빌려주기 前, 돈을 빌려줄 상대방에 대한 신원·재력·신용·
자금의 사용목적에 대한 확인이 필요하다. 이를 철저히 해두게 되면
상대방이 돈을 갚지 않을 때 채권회수를 위한 작업 착수의 절반은 해
놓은 것이나 다름이 없기 때문이다.

　현재 채권자를 대신하여 채무자로부터 돈을 받아주는 업무(추심업
무)를 법적으로 할 수 있는 곳은 공익의 신용보증기관(신용보증기금

등), 사설신용정보회사(금융감독위원회의 허가를 받은 회사) 등이 있다. 채권추심업무의 범위는 기업이 상거래상 발생하여 받지 못한 외상대금 등 상사채권에 한정되고 사인(개인)간에 발생한 금전채권 등의 민사채권은 현행법상 금지되어 있다.

상대방에 대한 재산조사 및 채권추심 등을 하기 위해서는 신용정보회사를 이용하면 편리는 하겠지만 비용이 부담스럽고, 경우에 따라서는 스스로가 하는 것만큼의 기대에도 못 미칠 수가 있을 뿐만 아니라 민사채권(개인간의 대여금 등 금전채권)의 경우는 현행법상 채권추심의 의뢰대상도 아니기 때문에 독자 스스로 하는 것이 좋다고 본다.

> **상대방을 개인과 개인사업자, 주식회사로 구분하여 조사하는 방법에 대해서 알아본다.**

**참 고**

상법상의 회사인 합명회사·합자회사·유한회사의 경우에도 상업등기소에 가서 각 회사의 등기부등본을 발급받아 주식회사와 같은 요령으로 조사를 하면 되기 때문에 이 책에서는 설명을 생략한다.

설명에 앞서 필자가 특히 강조하고 싶은 것은 상대방은 항상 변화하고 있는 데 반해 우리들의 생각은 한번 인식하면 거의 변화되지 않고 오랫동안 고착된다는 사실이다. 다시 말해 상대방에 대한 좋은 인상과 믿음을 한번 갖게 되면 금전적 피해를 입을 때까지 그 사고가 거의 바뀌지 않는다는 점이다. 따라서 이를 미연에 방지하기 위해서는 상대방에 대한 고정관념에서 벗어나 현시점에서의 상대방에 대한 새로운 인식을 가져야 된다.

## 1. 상대방의 신원확인

### (1) 개인과 개인사업자

#### ① 개 인

아무리 가까운 사이라 하더라도 금전적으로 채권·채무가 성립하면 동시에 법석 문제도 발생한다는 것을 알아야 한다. 그렇기 때문에 상대방의 신원확인은 채권채무성립의 전후에 있어 중요하다고 말할 수 있다. 상대방의 신원확인방법은 신분증(주민등록증·운전면허증 등)인데, 이를 사전에 잘 확인하는 것은 후일에 상대방이 돈을 안 갚을 때 이를 기초로 하여 돈을 받기 위한 작업의 출발점이 되기 때문이다.

예를 들어, 상대방을 평소 잘 안다고 해서 상대방의 말만 믿고 돈을 빌려줬는데 후일에 금전사고가 났다고 하자. 이 때 채권자는 아마도 돈을 받기 위해 먼저 상대방의 주소지를 찾아가게 될 것이다. 그런데 문제는 상대방이 그 곳에 살고 있지 않을 때이다. 바로 이럴 때를 대비하여 상대방의 신분증상의 주소지와 실제거주지의 일치여부를 사전에 잘 확인해 놓아야 된다는 것이다.

그 다음은 등기소에 가서 상대방의 주민등록상 주소지와 실제거주지에 대한 부동산등기부등본을 떼어보는 것이다. 등본을 발급받은 결과 등기부상의 소유자가 상대방의 성명과 일치하지 않았을 경우에는 상대방이 전세 또는 월세로 살고 있다는 것을 추정해서 알 수가 있고,

만일 소유자가 상대방의 성명과 일치하였을 경우에는 상대방 소유의 부동산이라는 것을 알 수 있을 것이다. 또한 부동산 등기부등본상의 소유자가 상대방 명의가 아닌 상대방의 처 명의로 되어 있을 경우에는 상대방이 아무리 자기 소유의 부동산이라고 말해도 법적으로는 본인 소유 부동산이 아니므로 돈을 빌려주는 시점에 가서는 상대방의 배우자(처)를 연대보증인으로 세워 채권확보를 유리하게 해 놓도록 해야 한다.

그리고 돈을 빌리려는 상대방이 가정주부일 경우에는 빌리려는 돈이 일상가사의 범위 내에 속하는지의 여부도 잘 확인한 후 취급을 해야 한다. 그 이유는 상대방이 빌리려고 하는 돈이 일상가사의 범주를 벗어났을 때에는 상대방의 배우자(남편)에 대해 법적으로 변제책임을 물을 수가 없기 때문이다.

**판 례　　일상가사의 범위** (대법원 1997. 11. 28, 97다31229)

민법 제832조에서 말하는 일상의 가사에 관한 법률행위라 함은 부부의 공동생활에서 필요로 하는 통상의 사무에 관한 법률행위를 말하는 것으로, 그 구체적인 범위는 부부공동체의 사회적 지위·직업·재산·수입능력 등 현실적 생활상태뿐만 아니라 그 부부의 생활 장소인 지역사회의 관습 등에 의하여 정하여지나, 당해 구체적인 법률행위가 일상의 가사에 관한 법률행위인지 여부를 판단함에 있어서는 그 법률행위를 한 부부공동체의 내부사정이나 그 행위의 개별적인 목적만을 중시할 것이 아니라, 그 법률행위의 객관적인 종류나 성질 등도 충분히 고려하여 판단하여야 한다.

그러므로 이 경우에는 배우자(남편)를 연대보증인으로 세워 두는 것이 좋다.

| 사 례 | 배우자의 연대보증 작성사례 |

# 차 용 증

남대문 귀하
서울시 강남구 삼성동 2000번지

　귀하로부터 일금 10,000,000원을 정히 차용하고 월 1%의 이자와 함께
2004년 7월 31일까지 변제하겠습니다.


2004년　6월　1일


　차 용 인　서 대 문 (700901-2******)　㊞
　　　　　　서울시 강서구 염창동 1번지


　연대보증인　동대문 (6501010-1******)　㊞ … ※ 동대문이 (처) 서대문
　(서대문의 남편) 서울시 강서구 염창동 1번지　　　을 위해 보증을 섰음

## ② 개인사업자

　개인사업자는 대부분 자기명의로 사업자등록을 내고 영업을 하고
있으므로 사전에 상대방으로부터 사업자등록증 사본을 교부받아 아래
사항을 확인한다.

　(a) 사업자등록증에 기재되어 있는 상호·소재지, 대표자의 성명·
주민등록번호·주소지 등의 인적 사항과 사업장소재지 등이 실제와
일치하는지의 여부를 확인한다.

(b) 사업자등록증상의 대표자와 실제사장과의 일치 여부에 대해서도 확인을 한다. 그 이유는 사업자등록증상에 등록된 대표자와 실제사장(경영실권자)이 다를 경우에는 실제사장이 과거 부도 등의 금융사고로 인해 본인명의로는 사업자등록을 내고 영업을 할 수 없는 처지에 있으므로 타인의 명의를 빌려서 영업을 하고 있는 경우가 많기 때문이다.

(c) 개인사업자와 돈 거래할 경우에는 개인사업자의 상호가 중요한 것이 아니라 대표자의 개인성명이 중요하다. 그 이유는 개인사업자(개인회사의 대표자)의 재산은 주식회사처럼 주식회사의 재산과 대표이사의 개인재산이 구분되는 것이 아니라 개인사업자의 개인재산과 회사재산 모두를 하나의 재산으로 보기 때문이다.

(d) 상대방의 경영실권자와 돈 거래를 할 경우, 가급적이면 사업자등록증상의 형식적인 대표자도 채무자의 연대보증인으로 세우도록 하여 채권확보를 유리하게 해 놓도록 한다.

## (2) 주식회사

상대방이 법인인 경우에는 상대방 회사의 임직원 명함상 기재된 내용과 법인등기부등본상 등재된 내용에 대하여 상이 여부를 확인한다. 확인방법은 다음과 같이 한다.

① 등기소에 가서 상대방의 상호로 법인등기부등본을 신청한다. 그

결과 신청한 회사의 상호가 없으면, 그 회사는 100% 개인기업이라고 보면 된다. 이런 경우에는 상대방 회사의 임직원이 실제는 회사가 개인업체임에도 불구하고 상대방의 신뢰를 사기 위해서 임의적으로 명함에다 주식회사를 새겨 넣고 사용하고 있기 때문이다.

② 상대방 회사의 법인등기부등본을 발급받았을 경우에는 아래 사항에 대해 확인을 한다.

(a) 상호를 본다

법인등기부의 상호 난을 보고 주식회사가 앞에 붙어 있는지 뒤에 붙어 있는지를 잘 본다. 이는 법원에 소장 등을 제출할 경우 상대방의 상호는 법인등기부에 등재된 상호 그대로를 표기해야 하기 때문이다(예 : 주식회사 이순신과 이순신 주식회사는 서로 다르다).

(b) 본점의 주소지를 본다

법인등기부의 본점 난의 주소지를 본다. 그리고 지점이 등재되어 있는 경우는 지점주소지까지도 확인한다. 그리고 상대방 임직원이 건네준 명함에 대해서 법인등기부에 등재된 사항인, 상호·주소지·대표이사의 성명 등의 일치 여부에 대해 확인을 한다. 만일 주소가 상이할 경우에는 상대방 회사가 주소를 이전하고도 주소변경등기를 안 했든지, 아니면 명함상에 기재된 주소지는 변경 전의 주소지를 그대로 사용하고 있는 경우이므로 이에 대한 확인이 필요하고 또한 법인등기부상 본점주소지와 실제주소지가 상이한 경우에는 실제주소지도 잘 파악해 놓도록 한다. 여하튼 이 경우에는 일단 주의를 요한다. 왜냐하면 법인

(회사)이 본지점 주소지를 이전할 경우에는 2주내에 등기하도록 상법이 규정하고 있는바(등기해태시 500만원 이하의 과태료에 처함: 제635조) 이를 이행하지 않고 있다면 이상하지 않는가?

법원의 소송업무시에는 상대방 회사의 법인등기부등본상 본점주소지가 주소지의 기준이 되나 법원의 송달업무시에는 상대방 회사의 법인등기부상 본점 주소지가 아니더라도 송달이 가능한 실제사업장의 주소지 또는 대표이사의 주소지 등 송달이 가능한 곳이면 어디든 모두 가능하다.

ⓒ 대표이사의 성명·주민등록번호와 주소지를 본다.

대표이사의 인적 사항인 주민등록번호와 주소지는 법인의 사업자등록증상에는 기재되어 있지 않기 때문에 알 수가 없다(개인의 사업자등록증에는 대표자의 주민등록번호 중 뒷번호는 생략되어 기재되어 있으며, 법인의 사업자등록증에는 대표이사의 주민등록번호의 기재는 없고 법인의 등록번호만 기재되어 있다).

대표이사의 인적 사항을 알려면 법인등기부상 대표이사의 난을 보면 알 수도 있는데 2003. 1. 1.부터는 개인정보보호로 주민등록번호 뒷자리가 삭제되어 발급되기 때문에 이 부분은 알 수가 없다.

그러나 후일에 상대방에게 채무불이행사유가 발생하여 채권자가 상대방 회사를 상대로 소송을 제기할 경우 법원 송달업무에 필요한 주소보정(주소를 바로잡는 것을 말함)을 사유로 하여 가까운 동사무소에 가서 대표이사의 주민등록초본을 떼어 보면 대표이사의 주민등록번호를 알 수 있다(상대방의 주민등록번호를 꼭 알아야 하는 이유는 개인의 재산파악 등을 함에 있어 필요적 확인사항이기 때문이다).

(d) 명함상의 대표이사와 등기부상의 대표이사 성명이 일치하는지의 여부를 확인해 본다.

확인결과, 상이할 때에는 개인사업자의 경영실권자 경우와 마찬가지로 상대방 회사의 경영실권자가 과거 금융사고(부도·연체 등)로 인하여 본인명의로는 사업을 할 수 없는 처지에 놓여 있기 때문에, 회사 직원이나 친척 또는 타인을 법인등기부에 형식적인 대표이사로 세운 다음 본인은 회장·사장·고문 등의 명함을 새겨 가지고 다니면서 경영실권자 행세를 하고 있기 때문이나. 따라서 이를 잘 구별하여야 후일에 돈을 떼이지 않는다. 나아가 이런 상대방과는 거래하지 않음이 상책이다.

### 사실상의 이사의 책임에 대한 관련 법규정

1. 사실상의 이사 (상법 제401조의 2)

1998년 개정 상법에서는 이사가 아니면서 명예회장·회장·사장·부사장·전무·상무 등이 이사의 업무집행을 지시하거나 경영권을 사실상 행사하는 경우, 그 자를 회사 및 제3자에 대하여 이사와 연대배상책임을 지도록 하는 사실상의 이사 책임제도가 도입되었다.

2. 표현대표이사 (상법 제395조)

회사를 대표할 권한이 있는 것으로 인정될 만한 명칭(사장·부사장·전무·상무 등)을 사용한 이사가 한 행위에 대하여는 그 이사가 회사를 대표할 권한이 없는 경우에도 회사는 선의의 제3자에 대하여 대표이사의 경우와 마찬가지로 그 책임을 지도록 하고 있다.

③ 상대방 회사의 경영자가 전문경영인(월급사장)인 경우에는 경영 실권자와 돈 거래를 직접 하는 것이 좋다.

④ 상대방 회사가 부도 등이 났다고 가정하였을 때, 주식회사의 대표이사의 책임은 대표이사 본인 스스로가 회사를 위해 보증을 서지 않은 이상, 대표이사에게 그 책임을 물을 수가 없다. 예를 들어, 상대방 회사에 돈을 빌려주고 차용증을 받았을 경우 차용증의 차용인 난에 "차용인 주식회사 은하상점 대표이사 홍길동㉖," 또는 어음을 받았을 때에 약속어음의 발행인 난에 "주식회사 은하상점 대표이사 ㉖"로 되어 있는데 이 경우 상대방 회사인 주식회사에 대해서만 그 책임을 물을 수 있지 대표이사에게는 책임을 물을 수가 없다는 것이다. 따라서 법인의 대표이사에게 책임을 물으려면 법인의 대표이사가 법인과 연대하여 책임을 지겠다는 뜻의 기명날인을 받아 놓아야 하는데 그 방법은 다음과 같이 하면 된다.

| 사 례 | 대표이사 개인의 연대보증 사례 |
| --- | --- |

<br>

2004년 1월 5일

위  차 용 인    주식회사 은하상점

대표이사  홍길동 (법인도장 ㉖)

(연대보증인)  홍길동 (개인도장 ㉖) …… 인감도장 아니어도 무방

⑤ 주식회사의 상호·소재지·대표이사의 변경은 법적 효력에는 아무런 영향을 주지 않는다. 다만 법원의 소송업무시에는 말소사항이 포함된 법인등기부등본을 발급받아 법원에 제출하면 소명한 것이 된다.

⑥ 각자대표이사와 공동대표이사

주식회사의 대표이사는 대외적으로는 회사를 대표하고 대내적으로는 업무집행을 담당하는 상설기관이다. 대표이사의 인원수에는 제한이 없고 수인의 대표이사가 선임된 경우에는 각자가 회사를 대표하는 것이 원칙이다(각자대표이사). 다만 이사회나 주주총회의 결의로 수인의 대표이사가 공동으로 회사를 대표할 것을 정할 수가 있는데 이 경우에는 각자 단독으로 회사를 대표할 수가 없다(공동대표이사).

따라서 이를 확인하려면 법인등기부등본의 대표이사의 성명과 공동대표 난을 보면 된다. 특히 공동대표이사제는 대표이사간 상호견제와 대표권의 남용을 방지하기 위하여 대표행위의 신중을 기하자는 데 그 취지가 있기 때문에 후일에 상대방 회사와의 돈 거래시에는 무권대리행위의 소지를 없애기 위해 공동대표이사 전원의 기명날인을 받아두는 것이 필요하다.

**참 고　각자대표이사, 공동대표이사의 법인등기부상의 구별**

법인등기부상에 공동대표이사 홍길동이라는 식의 수인의 명칭이 기재되어 있으면 **공동대표이사**이고, 단순히 대표이사 홍길동 식으로 수인이 등기되어 있으면 **각자대표이사**라고 보면 된다.

**사 례　주식회사의 2인의 공동대표이사 중 1인이 발행한 약속어음의 효력**

주식회사의 공동대표이사제는 대표이사의 권한의 남용을 방지하기 위한 것으로서 공동대표이사를 법인등기부에 등기해야 하는데, 법인등기부에 공동대표이사가 등기되어 있지 않아 공동대표이사제의 사실을 몰랐던 어음소지인에 대해서는 공동대표이사 1인이 발행한 약속어음의 지급책임은 회사의 행위로 보아 유효하게 된다.

  그러나 법인등기부에 공동대표이사가 등기되어 있음에도 공동대표이사 등기 사실을 몰랐던 어음소지인에게는 정당한 사유가 없는 한 공동대표이사 1인이 발행한 약속어음은 무효가 된다.

  그 이유는 공동대표이사제로 되어 있는 주식회사의 경우에는 회사의 명칭과 함께 공동대표이사 전원의 기명날인이 있어야 어음발행이 유효하게 되는데, 사례에서는 공동대표이사 중 1인이 다른 대표이사의 동의 없이 단독으로 기명날인하여 어음을 발행했기 때문에 무효가 되는 것이고, 또한 권한이 없는 자가 발행한 어음이기 때문에 무권대리 또는 위조어음에도 해당된다고 할 것이다.


**판 례**    대표자명칭 참칭자의 행위에 대한 회사의 책임

[회사의 승낙없이 대표자의 명칭을 참칭한 표현대표자의 행위에 대하여, 회사가 선의의 제3자에게 책임을 지는지 여부(대법원 94다50908 수표금)]

**판결요지**

  상법 제395조의 표현대표이사 책임에 관한 규정의 취지는 회사의 대표이사가 아닌 이사가 외관상 회사의 대표권이 있는 것으로 인정될 만한 명칭을 사용하여 거래행위를 하고 이러한 외관상 회사의 대표행위에 대하여 회사에게 귀책사유가 있는 경우 그 외관을 믿은 선의의 제3자를 보호함으로써 상거래의 신뢰와 안전을 도모하려는 데에 있으므로, 위와 같은 표현대표자의 행위에 대하여 회사가 책임을 지는 것은 회사가 표현대표자의 명칭사용을 명시적으로나 묵시적으로 승인할 경우에 한하는 것이고 회사의 명칭사용 승인없이 임의로 명칭을 참칭한 자의 행위에 대하여는 비록 그 명칭사용을 알지 못하고 제지하지 못한 점에 있어 회사에게 과실이 있다 할지라도 그 회사의 책임으로 돌려 선의의 제3자에 대하여 책임을 지게 할 수 없다.

## 2. 상대방의 재력확인

### (1) 개인과 개인사업자

#### ① 개 인

상대방에 대한 재력(재산)조사는 상대방이 융통하려는 자금의 범위가 변제능력(상환능력)의 범위 내에 있는지를 사전에 파악해 놓아야만 상대방이 빌리려고 하는 돈의 액수의 적정성을 판단하는 데 도움이 되기 때문이다. 만일 상대방에게 상대방의 변제능력보다 더 많은 돈을 빌려주게 되면 결과적으로 돈을 떼일 가능성이 높기 때문이다.

### 상대방의 재력을 파악하려면?

등기소에 가서 상대방 주소지의 부동산등기부등본을 발급받아 소유권의 유무를 확인한다. 확인방법은 등기부등본의 갑구(소유권에 대한 사항)를 보면 상대방과 소유자가 일치하는지의 여부를 확인할 수 있다. 소유자가 상대방의 명의로 안 되어 있을 경우에는 후일에 채권행사를 용이하게 하기 위해서 부동산 임대차계약서상의 내용인 임대인·임차인·보증금·임대차기간 등을 잘 파악해 놓아야 한다. 그리고 가능하면 부동산임대차계약서 사본을 받아 놓도록 한다.

상대방 거주지가 상대방 명의의 소유부동산일 경우에는 부동산등기부등본 갑구의 소유권에 대한 권리침해사실(가압류·압류·가처분·가등기 등) 여부와 을구에 금융기관 등에 근저당권이 얼마나 설정되어 있는지를 확인한다. 또한 등기부등본상에는 나타나지 않은 주택임대차보호법상의 소액임차인 및 우선변제권 등에 대해서도 잘 확인을 해 놓아야 한다.

## 상대방의 기타 부동산 등을 알아내려면?

상대방과 많은 대화를 하도록 노력해야 한다. 그 이유는 상대방과의 많은 대화를 나누다 보면 일반적으로 상대방은 채권자를 안심시키고 자금을 용이하게 빌리기 위해서 이런 말을 많이 하곤 한다.

> "내가 어디에 논과 밭이 몇천 평 있는데 시가로 얼마 나간다 …, 부동산은 좀 있는데 현금이 급히 필요해서…"

이 때 중요한 것은 상대방이 말하는 그 위치의 부동산소재지를 잘 기억(메모)해 놓았다가 나중에 그 진위 여부를(상대방 모르게) 등기소에 가서 확인하는 것이다. 그런데 실제에 있어서는 상대방이 말할 때 구체적으로 말을 잘 안한다. 그렇다고 해서 재차 상대방에게 꼬치꼬치 물어보는 것도 예의상 쉽지가 않다. 그래도 어렵기는 하겠지만 상대방이 말하는 부동산의 소재를 알아 놓도록 노력해야 한다. 그 이유는 상대방이 돈을 갚지 않았을 때 채권회수를 위해 즉시 활용할 수 있기 때문이다.

| 사 례 | 상대방이 말한 부동산의 위치를 알아내는 방법 |
| --- | --- |

상대방이 말하기를 "내 땅은 경기도 광주시 중대동 어디 근처에 있어…" 정도만으로도 상대방이 말한 소재지의 부동산의 위치를 알아낼 수 있다.

찾아내는 방법은 상대방이 말한 부동산소재지의 근방에 가서 이웃동네 사람들에게 수소문하여 알아보는 것이다. 알아본 결과, 그 땅의 주인이 상대방 또는 상대방의 가족·친인척인지 아니면 그 밖의 타인 소유인

지의 여부를 알 수 있기 때문이다. 그리고 최종확인은 부동산소재지의 등기소에 가서 열람 또는 등본을 발급받아 그 진위를 확인하는 것이다.

　확인결과 상대방이 말한 부동산이 본인의 것이 아니고 타인의 것으로 밝혀졌을 경우에는 상대방의 신용에 대하여 다시 한번 생각을 해보는 것이 좋다. 돈 떼일 가능성이 높기 때문이다.

### ② 개인사업자

개인사업자인 경우에는 앞서 개인조사를 한 것에다 추가로 사업자 등록증상 소재지와 실세사업장 소재지의 부동산등기부상 소유자·권리침해사실(가압류 등)·근저당권설정액 등에 대하여 확인·조사를 한다.

상대방이 제조업체일 때에는 사업장을 방문하여 제조생산활동 전반에 대하여, 상대방이 도소매업체일 때에는 영업판매활동 전반에 대하여 확인조사를 한다(구매처와 판매처·매출실적·은행의 신용상태·임금체불·각종 세금과 공과금의 체납사실 여부 등).

그리고 현재 회사의 유동성(자금사정)에 대해 잘 확인한다. 이는 상대방에게 돈을 빌려주는 데 있어 상대방의 신용, 재력 등을 평가하는 판단자료가 되기 때문이다.

### (2) 주식회사

법인의 사업장(본사사무실·공장·지점 등)과 대표이사의 주소지(법인등기부등본상 대표이사 난에 기재되어 있다), 그리고 확인된 경영실권자가 있을 경우에는 경영실권자의 주소지에 대해서도 부동산등기부등본을 발급받아 아래 내용을 확인한다.

① 소유자(등기부등본 갑구)를 확인하여 상대방이 소유자와 일치하면 자가사업장, 불일치하면 임차사업장이므로 임차사업자일 경우에는 임대인·임차인·보증금·월세·임차기간 등을 파악해 놓는다(부동산 소유자 또는 상대방 회사에 문의). 그리고 가급적이면 부동산임대차계약서 사본을 받아 놓도록 한다.

② 소유권의 (가압류·압류·가처분 등) 권리침해사실 여부(등기부등본 갑구) 및 은행설정액(등기부등본 을구)을 파악하여 사전에 장애요인을 알아낸다.

③ 상대방 회사의 임직원과 많은 대화를 나누어 회사의 추가 재산에 관한 정보를 알아내도록 한다. 특히 신규사업 등에 대하여 말할 때에는 이 부분을 잘 기억(메모)해 두었다가 나중에 사실의 진위 여부를 꼭 확인해 본다.

④ 상대방 회사의 대표이사 주소지에 대한 부동산등기부 등본을 발급받아 자가(自家) 또는 전세 여부를 확인한다. 이는 사업을 하는 사람이 자기 집 하나 소유하고 있지 않을 때에는 재력에 다소 문제가 있다고 보기 때문이다. 그리고 설령, 대표이사의 거주지가 자가라고 하더라고 금융기관의 연체금·세금체납 등으로 압류·가압류 등의 권리침해사실이 있을 때에는 직간접적으로 회사에 영향을 미치게 되기 때문에 이런 경우에는 가급적 상대방에게 돈을 빌려주지 않도록 해야 한다.

## 부동산등기부등본 보는 법

### I. 등기부등본 보는 방법

　등기제도의 핵심을 이루는 등기부는 부동산의 권리관계를 기재하는 공적 장부로 개개의 부동산에 관한 일정양식의 등기용지를 편철한 장부이다. 이는 토지등기부와 건물등기부의 두 가지가 있으며 1필의 토지나 1동의 건물에 대하여 1개의 용지를 사용한다.

### II. 등기용지는 표제부, 갑구, 을구의 세 부분으로 구성된다.

　1. 표제부 : 부동산의 표시

　표제부에는 표시번호란과 표시란이 있는데 표시번호란은 등기한 순서를, 표시란에는 각 토지나 건물대지의 지번, 부동산의 상황과 그 변경에 관한 사항을 기재한다. 다만 아파트 등 집합건물의 경우에는 전체 건물에 대한 표제부와 구분된 개개의 건물에 대한 표제부가 따로 있다. 면적은 ㎡로 표시되어 있는바 이것에 0.3025를 곱하면 평(坪)이 된다.

　2. 갑구 : 소유권에 관한 사항

　갑구에는 순위번호란과 사항란이란 것이 있다. 순위번호란에는 사항란의 기재순서를 표시하는 번호를 적게 되며 사항란에는 소유권이 누구에게 언제, 어떤 원인에 의해 이전되었는지가 기재된다.

　3. 을구 : 기타 물권에 관한 사항

　을구에도 순위번호란과 사항란이 있는데 사항란에는 어떤 권리가 언제부터 어떤 원인에 의해 설정, 변경, 말소되었는지를 기재한다.

### III. 등기를 열람하는 데 있어서 유의할 점: 부동산의 권리관계

만일 어떤 부동산을 조사하려고 한다면 먼저 거래대상인 부동산이 등기부 기재사항과 일치하는지를 살펴야 한다. 그리고 실제 소유권자로 기재되어 있더라도 다음 사항들에 주의해야 한다.

1. 예고등기, 압류, 가압류등기, 처분금지의 가처분등기, 소유권이전등기 청구권의 가등기 등의 유무를 확인하여야 한다. 이러한 등기들이 있으면 후일 그로 인해 자기권리를 주장할 수 없게 되는 경우가 생길 수 있다.

2. 을구에 저당권, 근저당권, 전세권 등의 등기는 없는지 확인하여야 한다. 저당권이나 근저당권이 실행되는 경우 권리를 잃게 되며 전세권이 설정된 경우에도 매수자가 그 건물을 직접 사용할 수 없게 되기 때문이다.

3. 등기에는 공신력이 없다는 사실에 유념해야 한다. 등기를 믿고 상대방과 거래한 경우에도 상대방이 실제로 무권리자라면 매수인은 보호받지 못한다. 따라서 다음의 점에 유의한다.

우선 등기부상 짧은 기간에 소유자가 자주 바뀐 경우는 의심할 필요가 있고 재산상속을 해서 바로 매도한 경우에도 그 상속이 정당한지 관계서류를 통해 확인할 필요가 있다.

매도인이 법률상 행위능력을 가지고 있는가를 조사해야 하며 대리인과 거래하는 경우에는 대리권을 가지고 있는가 확인해야 한다. 그리고 자주 등기부등본을 발급받아 직접 권리관계를 확인하는 것이 가장 안전하다.

## 3. 상대방의 신용확인

상대방의 신용상태를 알아보려면,

### (1) 주변에 대한 탐문조사

탐문조사 결과 상대방의 주변사람들이 상대방의 신용에 대하여 좋게 말해주면 조금은 안심이 되지만 나쁘게 말할 때에는 돈을 빌려주는 데 있어서 한 번 더 생각해 본 후 결정하는 것이 좋다.

### (2) 각종 연체 · 체납사실의 확인

전화요금의 연체확인은 국번 없이 100번을 누르면 확인이 되고, 4대보험(국민연금 · 건강보험 · 산재보험 · 고용보험)은 해당기관에 전화로써 확인이 가능하다. 세금과 지방세의 체납 등은 세무서와 구청 등에 문의해 보면 알 수 있고, 임금체불의 경우에는 직원을 통해 확인해 보면 알 수 있다.

그리고 신용카드 및 각종 대출금의 원금 · 이자 등의 연체에 대해서는 금융실명제로 인하여 확인하기가 어려우나 장기연체자의 경우 장기연체자가 자동차를 소유하고 있을 경우에는 차량등록원부 그리고 부동산을 소유하고 있을 경우에는 부동산등기부등본을 발급받아 확인해 보면, 가압류 등의 권리침해사실이 등기가 되어 있기 때문에 알 수가 있다. 따라서 상대방의 각종 연체 · 체납사실이 발견되면 상대방과의 돈 거래는 안 해야 한다.

## 4. 자금용도에 대한 확인

상대방이 자금을 빌리려고 할 때, 빌리려고 하는 돈을 어디에 사용할 것인지에 대하여 구체적으로 확인해 볼 필요가 있다. 그 이유는 자금사용의 목적이 타당하면 몰라도 그렇지 않은 경우에는 돈 떼일 가능성이 높기 때문이다.

## II. 돈을 빌려주는 날의 확인

앞서 돈을 빌려주기 前의 확인에서 상대방의 신원확인에 대해 알아본 바 있다. 그러나 상대방은 돈을 빌려주는 날까지도 신원사항이 변경될 수 있으므로 기 파악한 신원사항을 기초로 변경 유무를 재확인할 필요가 있다.

### 1. 상대방의 신원 재확인

#### (1) 개인과 개인사업자

상대방의 성명·주민등록번호·현주소지를 신분증과 대조·확인하여 상이 여부를 확인한다. 그리고 상대방의 직업과 회사명·소재지·연락처 등에 대해서도 구체적으로 파악해 놓는다. 상대방이 회사에 다니고 있는 경우에는 회사에 문의하여 재직 사실의 여부를 확인하고 자영업자인 경우에는 사업자등록증 사본을 교부받아 인터넷상 국세청 홈텍스(www.hometax.go.kr)에 들어가 휴폐업 사실의 여부를 확인한다.

그리고 개인사업자가 개인회사에서 법인으로 전환되었을 경우에는 개인의 채무액을 법인회사가 승계취득하도록 하는 중첩적 채무인수계약(개인이 법인과 연대하여 채무액을 부담함)을 체결토록 하여 채권을 확보해 놓도록 한다.

이하에서 중첩적 채무인수계약서 작성사례 및 채무인수의 종류(중첩적 채무인수·면책적 채무인수)에 관하여 간략히 살펴본다.

| 사 례 | 중첩적 채무인수계약서 작성사례 |

# 채무인수계약서

김한국을 갑, 이슬비를 을, 이민족을 병으로 하여, 갑·을·병은 다음과 같이 채무인수계약을 체결한다.

제1조    인수인 병은 채권자 갑으로부터 채무자 을에 대한 다음의 채권에 대하여 채무를 중첩적으로 인수하고 채무자 을과 함께 이행할 것을 약정하며, 채권자 갑은 이를 승낙한다.

"채권자 갑으로부터 채무자 을에 대한 2004년 3월 31일 금전소비대차계약서에 근거하는 원금 10,000,000원, 변제기 2004년 10월 31일, 이자는 원금에 대해 월 금100,000원(지급기일 매월 25일), 이자지급을 2개월 지체시에는 원금을 일시에 지급하기로 하는 특약, 2004년 10월 31일까지 이자지급완료의 원리금 전부의 채권."

제2조    인수인 병은 채권자 갑에 대하여 제1조의 금전소비대차계약서의 약정에 따라 제1조의 채무를 이행하지 않으면 안된다.

제3조    채권자 갑은 제1조의 채권에 대하여 채무자 을과 병에 대하여 동시에, 또는 순차로 전부 또는 일부의 이행을 청구할 수 있다.

이 계약을 증명하기 위하여 본 계약서 2통을 작성하여 각자 서명날인 후 각 1통씩 보관한다.

2004년  5월  1일

채무인수인(병)    이민족(510110-1******)  ㉑
서울시 종로구 연남동 2000번지
채  권  자(갑)    김한국(530812-1******)  ㉑
서울시 은평구 녹번동 3번지

| 참 고 | 중첩적 채무인수와 면책적 채무인수 |
| --- | --- |

**중첩적 채무인수**(병존적 채무인수라고도 함)는 채무의 동일성을 유지하면서 제3자(인수인)에게 이전되는 채무인수를 말하고, **면책적 채무인수**는 채무인수절차에 의해 채무자는 채무에서 벗어나고 채무인수인이 새로운 채무자가 되는 것을 말한다.

### (2) 주식회사

### ① 확인사항

법인의 사업자등록증과 법인등기부등본을 확인하여 법인의 실체 여부를 확인한다. 그리고 대표이사가 2인인 경우에는 각자대표이사인지 또는 공동대표이사인지의 여부를 잘 확인해 놓는다. 그 이유는 공동대표이사의 경우 어떤 사안에 대하여 대표이사 2인 모두가 공동으로 행하여야만 법적 효력이 발생하기 때문이다. 그리고 법인등기부상의 대표이사와 경영실권자가 불일치할 경우에는 그 부분에 대해서도 사실내용을 잘 확인해 놓아야 한다.

### ② 대표이사의 책임범위

법인의 대표이사는 회사를 위해 개인적으로 보증을 서지 않는 이상 자기가 회사에 출자한 출자금(주식)의 범위 내에서만 책임을 지게 된다. 따라서 법인과 금전거래시에는 가급적 대표이사를 연대보증인으로 세우도록 하여 채권확보를 유리하게 해 놓도록 한다.

## 2. 채권확보방법(종류별)

이 책에서는 일상생활에서 상대방에게 돈을 빌려줄 때 일반적으로

행해지고 있는 대여금(채무자측 : 차용금) 위주로 채권자의 입장에서만 설명을 한다. 그 이유는 나머지도 이와 유사하기 때문에 한 가지 방법만 알게 되면 나머지도 응용하여 할 수가 있기 때문이다.

채권의 확보는 상대방에게 돈을 빌려주고 돈을 못 받았을 때를 대비하여 상대방으로부터 받게 되는 금전채권의 원인증서인 차용증 등과 채무자 이외의 특정인의 신용에 의한 채권의 담보(인적 책임에 의한 담보)인 인적 담보(예 : 보증, 연대채무 등)와 특정의 재산에 의한 채무의 담보인 물적 담보(예 : 저당권, 질권 등)가 있는데, 이 책에서는 돈을 빌려줄 때 일반적으로 채권확보조로 받게 되는 차용증, 어음과 수표, 공정증서, 부동산담보에 대해서만 설명을 한다.

## (1) 차 용 증

상대방에게 돈을 빌려줄 때, 차용증·차용증서·현금보관증·지불각서 등의 명칭으로 작성된 문서들을 받게 되는데, 이는 명칭여하를 불문하고 증거문서로서 똑같은 효력를 가진다.

차용증이란 상대방이 언제 차용금을 수령했고 동 금액을 언제까지 갚겠다는 내용을 서면으로 작성한 증서를 말한다. 상대방으로부터 차용증을 받고 돈을 빌려줄 때 후일에 상대방과의 분쟁을 방지하기 위해서는 차용증상에 원금·연이율·이자액·입금일·변제기일 등을 구체적으로 기재해야 한다. 그런데 흔히 우리 주변에서 보게 되면 차용증상에 원금과 변제기일은 기재를 잘 하는 데 반해 연이자율·이자액은 구두로만 하고 기재를 잘 안 하는데 앞으로는 이 부분의 기재를 반드시 하도록 한다.

| 사 례 | 차용증 작성사례 |

# 차 용 증

채권자  홍길동(550101-1111111)
　　　　서울시 강남구 삼성동 1000번지

채무자  이도령(541112-1234567)
　　　　서울시 종로구 종로5가 1번지

一金일천만원 整 (₩10,000,000)

채무자는 위 금액을 2004년 1월 5일 채권자로부터 차용금조로 정히 영수하였고 위 금액에 대하여 쌍방은 아래와 같이 합의하고 약정을 한다.

1. 이자는 연 20%로 하고, 지급시기는 매월 25일에 채권자의 주소지에 지참변제하기로 한다.
2. 원금의 변제기는 2004년 6월 25일로 약정하고 채권자의 주소지에 지참변제하기로 한다.
3. 이자의 지급을 2회 이상 연체시에는 채무자는 <u>기한의 이익을 상실</u>하고 채권자가 원리금 전액을 청구하여도 이의 없이 변제하기로 한다.

위 계약을 확실히 하기 위하여 이 증서를 작성하고 기명날인하여 각각 1부씩 보관한다.

2004년  1월  5일

위  채무자  이  도  령 ㉕

결과적으로 차용증은 채권채무에 있어서의 원인행위를 증명하는 증빙서류에 불과할 뿐 법적 구속력이 없다. 따라서 채권자가 상대방(채무자)에게 돈을 빌려준 후 약속기일에 변제를 못 받았을 때에는 독촉절차(지급명령)나 소송절차를 거친 후, 집행권원(확정판결문 등)에 의하여 강제집행방법으로 돈을 회수해야 하는 불편이 있다.

---

**판 례**    **법정이율의 위헌** (헌법재판소 2002헌가15)

연 25%의 법정이율에 대하여, 2003. 4. 4. 헌법재판소에서 선고된 2002헌가15 소송촉진등에 관한 특례법 제3조 제1항 위헌제청심판사건에서 위 조항 중 대통령령이 정하는 이율 부분은 위헌이라고 판시한 바 있다. 이에 따라 소장 등 서면이 송달된 날의 다음날부터 법정이율을 연 2할 5푼으로 규정하고 있던 대통령령(소송촉진등에 관한 특례법 제3조 제1항의 법정이율에 관한 규정)의 효력은 상실되었다.

※ 그 후 2003. 5. 10. 법 개정 및 2003. 5. 29. 대통령령 개정을 통하여 위 법정이율이 연 2할로 변경되었다.

---

**차용증상의 "기한의 이익의 상실" 이란**

기한의 이익은 이행기일이 아직 도래하지 아니함으로써 당사자가 갖는 이익을 말하는데 채무자가 갖는 경우가 가장 많다. 민법에서는 기한을 채무자의 이익을 위한 것으로 추정하며, 기한의 이익은 이를 포기할 수 있으나, 상대방의 이익을 해하지 못한다라고 규정하고 있다. 무상임치의 경우에 있어서는 채권자가 기한의 이익을 갖는 경우가 되고, 이자가 있는 소비대차의 경우에는 채권자·채무자 쌍방 모두가 가지는 경우가 된다.

결과적으로 기한의 이익은 채무자를 신용하고 채무이행을 유예한 것이기 때문에, 채무자의 신용상태가 위태롭게 되면 채권자는 채무자에게 채무이행의 청구를 하게 된다. 이 때 채무자는 채무자의 기한의 이익을 주장하며 이를 거절할 수 없다. 이것을 기한의 이익의 상실이라고 한다. 우리 민법에서 기한이익 상실의 경우로는 채무자가 담보를 손상, 감소 또는 멸실하게 한 때, 채무자가 담보제공의무를 이행하지 않은 때와 파산법상 채무자가 파산선고를 받은 경우다.

## 은행거래약정서상 기한의 이익의 상실사유

1. 가압류, 압류, 경매, 파산, 화의개시, 회사정리절차개시의 신청이 있었거나
2. 조세공과의 체납으로 독촉을 받았을 때 또는 체납처분으로 재산압류를 당하였을 때
3. 지급을 정지하였을 때
4. 어음교환소에서 거래정지처분을 당하였을 때
5. 은행에 대한 채무자의 채무의 어느 하나라도 기일에 변제하지 못하였을 때
6. 위법 부당한 방법으로 융자를 받음으로써 은행거래질서를 문란시킨 사실이 판명된 때
7. 채무자가 은행과의 거래 또는 약정조항 중 어느 하나라도 위반하여 은행의 청구가 있는 때
8. 보증인이 채무자의 기한의 이익의 상실사유에 해당하여 은행의 청구가 있는 때
9. 기타 채권보전상 필요하다고 인정되는 때로써 은행의 청구가 있는 때

## (2) 어음·수표

어음과 수표는 일상생활에서 흔히 상거래상의 결제나 빚을 갚을 때 지급의 한 수단으로 사용되거나 할인할 때 채권담보의 수단으로 많이

이용된다. 이 때 돈을 빌려주는 입장에서는 어음과 수표를 실수 안하고 잘 받아야만 후일에 아무런 문제가 없지 그렇지 않을 경우에는 돈을 회수하는 과정에서 많은 어려움을 겪게 된다. 이에 대해 자세히 알아본다.

　약속어음은 발행인이 일정한 금액의 지급을 약속하는 형식의 어음(지급약속증권)을 말하고, 환어음은 발행인이 기명날인을 하고 지급인에 대하여 일정한 금액을 수취인에게 지급할 것을 위탁하는 형식의 어음(지급위탁증권)이다. 그리고 수표는 은행 등 금융기관에 당좌예금을 자금으로 하여 일정한 금액의 지급을 위탁하는 증권을 말한다.

◈ 〈표 1〉　약속어음 · 환어음 · 수표의 차이점

| 약속어음 | 환 어 음 | 수　표 |
|---|---|---|
| (1) 약속어음의 문구 | (1) 환어음의 문구 | (1) 수표의 문구 |
| (2) 일정한 금액을 지급할 뜻의 무조건의 약속 | (2) 일정한 금액을 지급할 뜻의 무조건의 위탁 | (2) 일정한 금액을 지급할 뜻의 무조건의 위탁 |
| － | (3) 지급인의 명칭 | (3) 지급인의 명칭 |
| (3) 만기의 표시 | (4) 만기의 표시 | － |
| (4) 지 급 지 | (5) 지 급 지 | (4) 지 급 지 |
| (5) 지급을 받을 자 또는 지급을 받을 자를 지시할 자의 명칭 | (6) 지급을 받을 자 또는 지급을 받을 자를 지시할 자의 명칭 | － |
| (6) 발 행 일 | (7) 발 행 일 | (5) 발 행 일 |
| (7) 발 행 지 | (8) 발 행 지 | (6) 발 행 지 |
| (8) 발행인의 기명날인 또는 서명 | (9) 발행인의 기명날인 또는 서명 | (7) 발행인의 기명날인 또는 서명 |

## 약속어음

약속어음은 발행인이 수취인에게 발행하는 지급약속증권으로서 발행인 자신이 일정금액의 지급을 약속하는 유가증권이고 증권상에 권리발생을 위해서는 반드시 증권 작성이 필요한 설정증권이고 특정인 또는 그가 지정하는 자에게 변제하는 지시증권으로서 권리를 행사하기 위해서는 증권 제시가 필요한 제시, 상환증권이다.

## 1. 어음요건

어음요건이란 약속어음을 유효하게 성립시키기 위하여 꼭 기재하여야 할 사항을 말한다. 이 중 하나라도 누락되면 어음이 아니다. 따라서 이런 어음을 받아서는 안된다.

(1) 증권의 본문 중에 그 증권의 작성에 사용하는 국어로 약속어음임을 표시하는 문자

(2) 일정한 금액을 지급할 뜻의 무조건의 약속

(3) 만기(지급기일)의 표시 (4종류)

① 일람출급은 일람(어음제시)의 날을 만기로 하는 것.

② 일람후 정기출급은 일람후 확정된 기간이 경과한 날을 만기로 하는 것.

---

**참 고**  일람후 정기출급 어음의 특칙

> 일람후 정기출급의 약속어음은 그 일자(일람후의 기간의 초일로 한다)부터 1년 이내에 발행인에게 일람을 위하여 이를 제시하여야 한다. 일람후의 기간은 발행인이 어음에 일람의 뜻을 기재하여 일자를 부기하여 기명날인 또는 서명한 날로부터 진행한다. 발행인이 일람의 뜻과 일자의 기재를 거절한 때에는 거절증서에 의하여 이를 증명하여야 한다.

③ 확정일자후 정기출급은 발행일로부터 일정기간후를 만기로 하는 것.

④ 확정일자출급은 확정된 날을 만기로 하는 것. 단, 발행일보다 앞선 만기는 무효다.

(어음법상 만기는 상기 4가지만 인정하고 그 외의 만기는 무효가 된다. 또한 만기의 기재가 없는 어음은 일람출급어음으로 간주한다.)

## (4) 지 급 지

지급지는 어음금을 지급하여야 할 특정한 지역을 말한다(예 : 서울특별시, 경기도 등 그러나 충청, 경상 등과 같이 추상적인 표시는 무효. 단, 지급지가 없는 경우에는 발행지를 지급지로 본다).

## (5) 지급을 받을 자 또는 지급을 받을 자를 지시한 자의 명칭

지급을 받을 자는 어음을 최초로 받은 자를 말하는데, 수취인은 실제로 어음을 교부받는 자와는 별도로 타인 및 가설인의 명칭을 사용하여 기재하여도 어음의 효력에는 아무런 문제없다.

## (6) 발 행 일

어음이 발행된 날로서 어음상에 기재된 날짜를 말한다. 어음상에 기재하는 발행일은 사실상 어음이 발행된 날을 확인하기 위한 것이 아니라 발행일에 발행된 것과 같은 효력이 발생된다는 점에 의의가 있는 것이다. 따라서 어음을 실제로 발행한 일자를 발행일로 하지 않아도 된다. 발행일은 발행인의 능력 및 대리권의 유무를 판단하는 기준이 되며, 확정일자 출급어음인 경우에는 발행일의 기재가 없으면 그 어음은 무효가 되고, 또한 발행일이 지급기일(만기일) 이후의 일자인 경우에도 그 어음은 무효가 된다.

## (7) 발 행 지

발행지는 어음을 발행한 지역을 말하고 발행인이 그 영업상의 주소를 적지 않았을 경우는 발행지를 발행인의 주소로 본다(어음발행지가 어음요건인 반면, 어음발행인의 주소를 기재하는 것은 어음상의 요건이 아니다).

## (8) 발행인의 기명날인 또는 서명

① 어음을 발행하는 사람을 발행인이라고 하는데, 발행인이 행하는 기명날인은 어음의 발행행위로서 발행인이 어음증권상에 성명을 적은 뒤에 도장을 찍는 행위를 말한다. 그러나 발행인의 성명만 적고 도장을 안 찍거나 손도장(무인)으로 찍은 어음은 무효이다.

② 어음에 사용하는 인장은 인감신고를 한 실인이 아니더라도 막도장 등 자신의 인장으로 사용하는 것이면 다 된다(예 : 발행인을 본명 홍길동으로 기재하고, 인장은 아호 청산으로 날인하여도 무방하다).

단, 당좌개설한 은행의 어음으로 어음을 발행할 경우에는 반드시 은행에 신고된 인장만을 사용해야 한다. 그래야만 어음소지인이 어음금을 추심할 때, 은행에서 지급거절을 당하지 않는다.

**참 고**    기명날인과 서명날인

**기명날인**은 작성자의 의사표시를 타자·명판 등에 의하여 자기의 명칭을 기재한 후 인장을 날인하는 것을 말하고, **서명날인**은 본인의 직접 자필로서 자기의 명칭을 기재하고 날인하는 것을 말한다.

## 2. 어음요건의 흠결

어음요건의 기재사항을 기재하지 아니한 증권은 약속어음의 효력이 없다. 다만 아래의 경우는 예외로 한다.

(1) 만기의 기재가 없는 때에는 일람출급의 어음으로 본다.

(2) 지급지의 기재가 없는 것은 지급인의 명칭에 부기(附記)한 지(地)를 지급지로 본다.

(3) 발행지의 기재가 없는 것은 발행인의 명칭에 부기한 지(地)에서 발행한 것으로 본다.

## 3. 이자의 약정

(1) 일람출급 또는 일람후정기출급의 어음에는 발행인은 어음금액에 관하여 이자가 생길 뜻의 약정을 기재할 수 있다. 그러나 그 외의 어음에는 이자의 약정을 기재하여도 하지 않은 것으로 본다.

(2) 이율은 어음에 기재하여야 한다. 이율의 기재가 없으면 이자의 약정을 기재하여도 하지 않은 것으로 본다.

(3) 이자는 특정한 일자를 기재하지 아니한 때에는 어음발행 당일로부터 계산한다.

## 4. 어음금액의 기재에 차이가 있는 경우

(1) 어음의 금액을 문자와 숫자로 기재한 경우에 그 금액에 차이가 있는 때에는 문자로 기재한 금액을 어음금액으로 한다[예 : 금오백만원(○), ₩500,000(×)].

(2) 어음의 금액을 문자 또는 숫자로 중복하여 기재한 경우에 그 금액에 차이가 있는 때에는 최소금액을 어음금액으로 한다[예 : 금오백만원(×), ₩1,500,000(○)].

## 5. 어음채무의 독립성

약속어음에 어음채무를 부담할 능력이 없는 자의 기명날인 또는 서명, 위조의 기명날인 또는 서명, 가설인의 기명날인 또는 서명 또는 기타의 사유로 인하여 어음의 기명날인 또는 서명자나 그 본인에게 의무를 부담하게 할 수 없는 기명날인 또는 서명이 있는 경우에도 다른 기명날인 또는 서명자의 채무는 그 효력에 영향을 받지 아니한다.

## 6. 어음행위의 무권대리(無權代理)

대리권 없이 타인의 대리인으로 어음에 기명날인 또는 서명한 자는 그 어음에 의하여 의무를 부담한다. 그 자가 어음금액을 지급한 때에는 본인과 동일한 권리를 가진다. 권한을 초과한 대리인에 관하여도 같다.

## 7. 발행인의 책임

(1) 발행인은 어음의 지급을 담보한다.
(2) 지급을 담보하지 않는다는 뜻의 모든 문언은 기재하지 않은 것으로 본다.

## 8. 백지어음

미완성으로 발행한 약속어음에 미리 합의한 합의와 다른 보충을 한 경우에는 그 위반으로써 소지인에게 대항하지 못한다. 그러나 소지인이 악의(惡意) 또는 중대한 과실로 인하여 어음을 수취한 때에는 그렇지 않다.

| 사 례 | 백지어음 보충권 부여증서 작성사례 |
|---|---|

서대문 귀하

# 백지어음 보충권 부여증서

　본인은 귀하를 수취인으로 발행한 금액 및 지급기일의 기재가 없는 아래 기재의 백지어음을 본인이 귀하에 대하여 현재 부담하고 있거나 또는 장래 부담하게 될 일체의 채무를 담보하기 위하여 발행한 것인바, 본인이 채무를 불이행했을 때에는 귀하가 동 어음의 백지부분을 임의로 보충 기재하여 어음상의 권리를 행사하여도 이의 없으며, 본인은 귀하에 대한 일체의 채무를 담보하기 위하여 동 백지어음과 함께 본 증서를 제출합니다.

## 다　음

1. 어음의 종류 :  약속어음(자가 01189217), 1매
2. 수 취 인 :  서대문
3. 금　　액 :  금＿＿＿＿＿＿＿원정
4. 지급기일 :
5. 지 급 지 :  서울특별시
6. 지급장소 :  신한은행 ○○지점
7. 발 행 일 :  2004년 5월 10일
8. 발 행 지 :  서울특별시
9. 발 행 인 :  남대문

2004년　5월　10일

발행인 : 남대문(6001012-1******) 인

서울시 중구 회현동 1가 3번지

백지어음이 유효하기 위해서는 어음이라고 표시된 종이에 어음소지인의 기명날인을 제외한 어음요건에 기재를 해야 하는데 이를 보충권이라고 한다. 보충권의 행사시기는 다음과 같다.

(1) 당사자간에 합의로 보충권의 행사시기를 정한 때에는 정한 때로 한다.

(2) 당사자간에 보충권의 행사시기를 정하지 않은 때에는

① 만기가 기재된 백지어음은 3년 이내 보충하고
② 상환의무자에 대하여는 지급거절증서 작성기간 內이나 지급거절 증서 작성이 면제된 때에는 만기후 1년 內에 보충하고
③ 어음금청구의 소가 제기된 때에는 변론종결 때까지 보충하면 된다.

(3) 만기가 백지인 경우에는 보충권이 시효에 의하여 소멸하기 전에 행사를 해야 한다(보충권의 소멸에 관하여 여러 가지의 설이 있으나 통설은 권리를 행사할 수 있는 날로부터 3년임).

(4) 어음의 지급기일의 기재가 있는 때에는 그 기일 內에 보충권을 행사해야 한다.

## 9. 어음의 배서

어음의 배서는 어음상의 권리를 양도할 목적으로 배서인이 어음의 이면에 일정한 사안을 기재하고 기명날인하여 피배서인에게 교부하는 행위를 말한다.

## (1) 배서의 요건

① 배서는 무조건으로 하여야 하고, 배서에 붙인 조건은 기재하지 않은 것으로 본다.
② 일부의 배서는 무효로 한다.
③ 소지인출급의 배서는 백지식 배서와 동일한 효력이 있다.

## (2) 배서의 방식

① 배서는 약속어음이나 이에 결합한 보전(補箋)에 기재하고 배서인이 기명날인 또는 서명을 한다.
② 배서는 피배서인을 지명하지 않고 할 수 있고 또는 배서인의 기명날인 또는 서명만으로 할 수 있다(백지식배서). 후자의 경우의 배서는 약속어음 이면(裏面)이나 보전(補箋)에 기재하지 않으면 효력이 없다.

## (3) 배서의 연속 : 배서는 연속하여야 유효하다.

| 사 례 | 배서의 연속 작성사례 |
| --- | --- |

앞에 적은 금액을 (1) **홍길동** 또는 그 지시인에게 지급하여 주십시오. 거절증서 작성을 면제함.

2004년  6월  1일

주 소 : 서울시 중구 태평로 1가 10-2
성 명 : 남대문 ㉑

---

앞에 적은 금액을 <u>(2) **서대문**</u> 또는 그 지시인에게 지급하여 주십시오.
거절증서 작성을 면제함.

2004년  6월  10일

주 소 : 서울시 중구 태평로 1가 10-2
성 명 : <u>(1) **홍길동**</u> ㉑

---

앞에 적은 금액을 을지문덕 또는 그 지시인에게 지급하여 주십시오.
거절증서 작성을 면제함.

2004년  7월  10일

주 소 : 서울시 강남구 대치동 11-1
성 명 : <u>(2) **서대문**</u> ㉑

---

| 사 례 | 배서의 불연속 작성사례 |
|---|---|

---

앞에 적은 금액을 <u>(1) **홍길동**</u> 또는 그 지시인에게 지급하여 주십시오.
거절증서 작성을 면제함.

2004년  5월  25일

주 소 : 서울시 중구 태평로 1가 10-2
성 명 : 남대문 ㉑

---

앞에 적은 금액을 <u>(2) **성춘향**</u> 또는 그 지시인에게 지급하여 주십시오.
거절증서 작성을 면제함.

2004년  5월  25일

주 소 : 경기도 수원시 팔복동 10번지
성 명 : 이도령 ㉑ … ※ <u>(1) **홍길동**</u>의 기명날인이 아니므로 배서연속이 안됨.

## (4) 배서의 효력

### ① 권리이전적 효력

배서는 어음으로부터 생기는 모든 권리를 이전한다. 그리고 배서가 백지식인 때에는 소지인은

(a) 자기의 명칭 또는 타인의 명칭으로 백지를 보충할 수 있다.

(b) 백지식으로 또는 타인을 표시하여 다시 어음에 배서를 보충할 수 있다.

(c) 백시를 보충하지 아니하고 또 배서두 하지 아니하고 어음을 제3자에게 양도할 수 있다

### ② 담보적 효력

(a) 배서인은 반대의 문언이 없으면 지급을 담보한다.

(b) 배서인은 다시하는 배서를 금지할 수 있다. 이 경우에 그 배서인은 어음의 그 후의 피배서인에 대해 담보의 책임을 지지 않는다.

### ③ 자격수여적 효력

(a) 어음의 점유자가 배서의 연속에 의하여 그 권리를 증명하는 때에는 이를 적법한 소지자로 추정한다. 최후의 배서가 백지식인 경우에도 같다. 말소한 배서는 배서의 연속에 관하여는 배서의 기재가 없는 것으로 본다. 백지식배서의 다음에 다른 배서가 있는 때에는 그 배서를 한 자는 백지식배서에 의하여 어음을 취득한 것으로 본다.

(b) 사유의 여하(如何)를 불문하고 어음의 점유를 잃은 자가 있는 경우에 그 어음의 소지인이 그 권리를 증명한 때에는 반환할 의무가 없다. 그러나 소지인이 악의 또는 중대한 과실로 인하여 어음을 취득한 때에는 그렇지 않다.

## 10. 인적 항변의 절단(切斷)

약속어음에 의해 청구를 받은 자는 발행인 또는 종전의 소지인에 대한 인적 관계로 인한 항변으로써 소지인에게 대항하지 못한다. 그러나 소지인이 그 채무자를 해할 것을 알고 어음을 취득한 때에는 그렇지 않다.

## 11. 어음의 소구권

소구는 어음·수표의 부도 또는 만기일 전이라도 지급이 위태로운 상태가 된 경우 담보책임자에게 상환을 청구하는 것을 말한다. 이는 어음의 신용도를 높이고 유통성을 강화하기 위하여 인정하는 제도다. 소구할 수 있는 건으로는

(1) 어음의 만기일자에 지급인이 지급을 거절하는 부도어음
(2) 만기일 전이라도 어음에 대한 인수의 전부 또는 일부의 거절이 있는 경우
(3) 지급인 또는 약속어음의 발행인에 대하여 무자력상태가 발생한 경우 등.

이 같은 소구원인이 있더라도 일정한 절차(적법한 지급, 인수제시 및 지급거절증서에 의한 증명)를 밟지 않고서는 소구권을 행사할 수 없다. 상환한 소구의무자는 자기의 전 배서인을 상대로 재소구할 수 있다.

## 12. 어음의 보증

(1) 어음보증은 다른 어음행위자의 어음상 채무담보를 목적으로 하는 종된 어음행위로 보증인의 단독 요식행위이다.

(2) 보증은 어음 또는 보전지나 등본에 보증문구와 보증인의 기명날인을 기재하는 방식으로 행한다.

(3) 보증은 어음금의 일부에 대하여 담보를 할 수가 있고 일부 보증시에는 명시가 필요하다.

(4) 보증은 주채무자의 표시가 필요하다. 단, 그 표시가 없으면 발행인을 보증한 것으로 보게 된다.

**어음의 보증과 민사상의 보증**

1. 어음의 보증

(1) 단독행위이다.
(2) 주채무자가 불분명해도 유효하다.
(3) 주채무와 독립하여 피보증채무가 실질적 무효인 경우에도 보증은 유효하다.
(4) 요식행위이다.
(5) 불특정한 어음소지인에 대하여 책임을 부담한다.

2. 민사상의 보증

(1) 계약이 있어야 하고, 특정한 주채무자가 있어야 한다.
(2) 주채무의 성립은 보증채무의 성립요건이다.
(3) 보증방식에는 제한이 없다.
(4) 특정한 상대방에 대하여 책임이 부담된다.
(5) 최고, 검색의 항변권이 있다.

· **최고의 항변**이란 채권자가 보증인에게 채무의 이행을 청구한 경우에 보증인이 먼저 주채무자가 자력이 있다는 사실 및 그 집행이 용이하다는 것을 증명하여 먼저 주채무자에게 청구하라고 주장하는 항변을 말한다(주채무자가 파산 및 행방불명된 때, 보증인이 연대보증인 경우에는 예외적으로 이 항변이 인정되지 않는다).

· **검색의 항변**은 채권자가 보증인에게 채무의 이행을  청구하는 경우에 보증인이 주채무자에게 변제자력이 있다는 사실 및 그 집행이 용이하다는 사실을 증명하여 그 재산에 대하여 집행하라는 항변을 말한다. 이는 보증채무의 보충성에 입각하여 최고의 항변과 함께 인정되고 있는 것이다.

## 13. 어음의 위조와 변조

(1) 위조는 권한이 없는 자가 타인의 명의를 도용하여 기명날인한 후 어음을 발행하거나 배서하는 행위를 말한다.

(2) 변조는 어음의 기재사항을 권한이 없는 자가 변경하는 것을 말한다.

## 14. 어음의 제시

어음은 지급일과 이에 이은 2 거래일(휴일은 제외하고 2일이라는 것) 이내에 지급제시를 하여야 하는데, 이 기간이 경과하면 어음채권은 소멸한다.

## 15. 어음의 개서

어음개서는 이미 발행한 어음상의 금액을 지급하지 않고 신어음을 발행하는 것을 말한다. 방법에는 2가지가 있다.

(1) 어음개서시에 발행인이 신어음을 발행 교부하고 구어음을 회수하는 경우, 법률상 대물변제가 성립하여 구어음은 소멸하나 신어음은 유효하게 존재한다.

(2) 구어음과 신어음 모두 채권자기 보유하도록 하는 경우, 신·구어음 모두 유효하게 병존하며 신어음은 구어음의 담보가 되는 것이므로 그 어음으로 어음금의 지급을 청구하게 되면 신어음상의 만기일까지 지급이 유예되는 항변을 할 수 있다.

## 16. 어음의 소멸시효

(1) 어음소지인의 발행인에 대한 청구권은 만기일로부터 3년

(2) 배서인에 대한 소구권은 거절증서작성일 또는 거절증서작성이 면제된 경우에 만기일로부터 1년

(3) 배서인의 그 전자, 즉 전 배서인에 대한 소구권은 배서인이 어음을 환수한 날 또는 그 자가 제소된 날(제소된 날은 어음금청구의 소장이 도달된 날)로부터 6개월

## 수 표

수표는 발행인이 지급인(은행)에 대하여 수취인 및 기타 정당한 소지인에게 일정한 금액의 지급을 위탁하는 유가증권을 말한다.

### 1. 수표의 요건

(1) 증권의 본문중에 그 증권의 작성에 사용하는 국어로 수표임을 표시하는 문자

　예 :  당좌수표·가계수표 등

(2) 일정한 금액을 지급할 뜻의 무조건의 위탁

　예 :  이 수표 금액을 소지인에게 지급하여 주십시오.

(3) 지급인의 명칭
(4) 지급지(은행명)
(5) 발행일과 발행지
(6) 발행인의 기명날인 또는 서명

### 2. 수표요건의 흠결

수표에 기재할 사항중 하나라도 기재를 하지 아니한 증권은 수표의 효력이 없다. 다만 다음의 경우는 예외로 한다.

(1) 지급지의 기재가 없는 때에는 지급인의 명칭에 부기(附記)한 지(地)를 지급지로 본다.

(2) 발행지의 기재가 없는 수표는 발행인의 명칭에 부기(附記)한 지(地)에서 발행한 것으로 본다.

## 3. 인수(引受)의 금지

수표는 인수하지 못한다. 수표에 한 인수는 기재하지 않은 것으로 본다.

## 4. 수취인(受取人)의 지정

### (1) 수표의 발행방식

① 기명식 또는 지시식
② 기명식으로 "지시금지"의 문자 또는 이와 동일한 의의(意義)가 있는 문언을 기재한 것
③ 소지인출급식

### (2) 기명식수표에 "또는 소지인에"의 문자 또는 이와 동일한 의의(意義)가 있는 문언을 기재한 때에는 소지인출급식수표로 본다.

## 5. 이자의 약정

수표에 기재한 이자의 약정은 기재하지 않은 것으로 본다.

## 6. 수표금액의 기재에 차이가 있는 경우

(1) 수표의 금액을 문자와 숫자로 기재한 경우에 그 금액에 차이가 있는 때에는 문자로 기재한 금액을 수표금액으로 한다.

(2) 수표의 금액을 문자 또는 숫자로 중복하여 기재한 경우에 그 금액에 차이가 있는 때에는 최소금액을 수표금액으로 한다.

## 7. 수표채무의 독립성

수표에 수표채무를 부담할 능력이 없는 자의 기명날인 또는 서명, 위조의 기명날인 또는 서명, 가설인(假設人)의 기명날인 또는 서명 또는 는 기타의 사유로 인하여 그 기명날인 또는 서명자나 그 본인에게 의무를 부담하게 할 수 없는 기명날인 또는 서명이 있는 경우에도 다른 기명날인 또는 서명자의 채무는 그 효력에 영향을 받지 않는다.

## 8. 수표행위의 무권대리(無權代理)

대리권 없이 타인의 대리인으로 수표에 기명날인 또는 서명한 자는 그 수표에 의해 의무를 부담한다. 그 者가 수표금액을 지급한 때에는 본인과 동일한 권리를 가진다. 권한을 초과한 대리인에 관하여도 같다.

## 9. 발행인의 책임

발행인은 지급을 담보한다. 발행인이 담보하지 않는다는 뜻의 모든 문언은 기재하지 않은 것으로 본다.

## 10. 백지수표

미완성으로 발행한 수표에 미리 합의한 합의와 다른 보충을 한 경우에는 그 위반으로써 소지인에게 대항하지 못한다. 그러나 소지인이 악의(惡意) 또는 중대한 과실로 인해 수표를 취득한 때에는 그렇지 않다.

## 11. 배서의 요건

(1) 배서는 무조건으로 하여야 한다. 배서에 붙인 조건은 기재하지 않은 것으로 본다.
(2) 일부의 배서는 무효로 한다.
(3) 지급인의 배서도 무효로 한다.
(4) 소지인출급의 배서는 백지식배서와 동일한 효력이 있다.
(5) 지급인에 대한 배서는 영수증의 효력만 있다. 그러나 지급인의 영업소가 수개인 경우에 그 수표가 지급될 곳으로 된 영업소 이외의 영업소에 대한 배서는 그렇지 않다.

## 12. 배서의 방식

(1) 배서는 수표 또는 이에 결합한 보전(補箋)에 기재하고 배서인이 기명날인 또는 서명을 하면 된다.
(2) 배서는 피배서인을 지명하지 아니할 수 있고 또는 배서인의 기명날인 또는 서명만으로 할 수 있다(백지식배서). 후자의 경우의 배서는 수표의 이면(裏面)이나 보전(補箋)에 기재하지 않으면 효력이 없다.

## 13. 배서의 효력

### (1) 권리이전적 효력

① 배서는 수표로부터 생긴 모든 권리를 이전한다.
② 배서가 백지식인 때에는 소지인은
  (a) 자기의 명칭 또는 타인의 명칭으로 백지를 보충할 수 있다.
  (b) 백지식으로 또는 타인을 표시하여 다시 수표에 배서할 수 있다.
  (c) 백지를 보충하지 않고 또 배서도 하지 않고 수표를 제3자에게 양도할 수 있다.

### (2) 담보적 효력

① 배서인은 반대의 문언이 없으면 지급을 담보한다.
② 배서인은 다시 하는 배서를 금지할 수 있다. 이 경우에 그 배서인은 수표의 그 후의 피배서인에 대해 담보의 책임을 지지 않는다.

### (3) 자격수여적 효력

① 배서로 양도할 수 있는 수표의 점유자가 배서의 연속에 의하여 그 권리를 증명하는 때에는 이를 적법한 소지인으로 추정한다. 최후의 배서가 백지식인 경우에도 같다.
② 말소한 배서는 배서연속에 관하여는 배서의 기재가 없는 것으로 본다.
③ 백지식배서의 다음에 다른 배서가 있는 때에는 그 배서를 한 者는 백지식배서에 의하여 수표를 취득한 것으로 본다.

## 14. 무기명식수표의 배서

소지인출급식의 수표에 배서한 者는 소구에 관한 규정에 따라 책임을 진다. 그러나 이로 인하여 수표는 지시식수표로 변하지 않는다.

## 15. 수표의 선의취득(善意取得)

사유의 여하(如何)를 불문하고 점유를 잃은 者가 있는 경우에 그 수표의 소지인은 그 수표가 소지인출급식인 때 또는 배서로 양도할 수 있는 수표의 소지인이 배서의 자격수어셔 효릭(수표법 제19조)의 규정에 의하여 그 권리를 증명한 때에는 그 수표를 반환할 의무가 없다. 그러나 소지인이 악의(惡意) 또는 중대한 과실로 인하여 수표를 취득한 때에는 그렇지 않다.

## 16. 인적 항변의 절단(切斷)

수표에 의해 청구를 받은 者는 발행인 또는 종전의 소지인에 대한 인적 관계로 인한 항변으로써 소지인에게 대항하지 못한다. 그러나 소지인이 그 채무자를 해할 것을 알고 수표를 취득한 때에는 그렇지 않다.

## 17. 기한후 배서

(1) 거절증서나 이와 동일한 효력이 있는 선언의 작성후의 배서 또는 지시기간 경과후의 배서는 지명채권양도의 효력만이 있다.

(2) 일자의 기재가 없는 배서는 거절증서나 이와 동일한 효력이
있는 선언의 작성前 또는 지시기간 경과前에 한 것으로 추정
한다.

## 18. 수표의 일람출급성(一覽出給性)

수표는 만기라는 것이 따로 없기 때문에, 일람(지급제시)만 되면 즉
시 지급하여야 한다. 이는 수표의 지급증권의 특성에 기인하기 때문이
다. 따라서 수표는 만기를 기재하여도 이를 인정하지 않는다.

## 19. 지급제시기간

국내에서 발행하고 지급할 수표는 10일 內에 지급을 위한 제시를 해
야 한다. 기간은 수표에 기재된 발행일로부터 기산한다.

## 20. 수표의 종류

### (1) 가계수표

일정한 자격을 갖춘 개인이 은행에 가계종합예금계좌를 개설한 후,
일정한 한도 내에서 발행하는 수표를 말한다.

### (2) 자기앞수표

자기앞수표를 다른 말로 보증수표 또는 보수라고도 하는데, 자기앞

수표는 수표금액에 대하여 발행인 자신을 지급인으로 하여 발행하는 수표를 말한다(예 : ○○은행××지점이 지급책임을 부담하는 수표를 자기앞수표라고 함).

### (3) 당좌수표

수표의 발행인이 은행과 당좌거래약정을 체결하고 발행하는 수표를 말한다.

### (4) 선일자수표

선일자수표는 실제 수표의 발행일보다 후일을 발행일자로 기재하여 발행하는 수표를 말하는데, 이는 단기의 신용수단으로 이용할 때 주로 발행되는 수표이다. 이는 수표의 지급증권성, 일람(지급제시)출급성에 반하는 것이지만 이런 수표를 무효로 할 때에는 도래 후의 선의의 수표 취득자에게는 예측불허의 손해를 입을 수가 있다.

따라서 수표법에서는 이런 폐단을 방지하기 위하여 선일자수표를 유효로 하는 동시에 수표의 소지인은 발행일자의 도래 전이라도 언제든지 은행에 지급제시를 할 수 있다. 또한 제시한 수표는 "제시한 날에 지급되어야 한다"라고 규정되어 있다(제시한 수표에 대하여 수표 발행인의 당좌예금에 결제잔액이 부족할 경우에는 부도처리가 된다).

### (5) 횡선수표

횡선수표는 수표의 표면에 두 줄의 평행선을 그은 수표로서 수표의 일람출급성 등으로 분실, 도난의 위험예방을 위하여 사용하는 수표를 말한다.

### ① 일반횡선수표

일반횡선수표는 지급인이 지급할 수 있는 상대방은 은행 또는 지급인의 거래처이다.

### ② 특별횡선수표

특별횡선수표는 횡선 내에 특정한 은행명을 기재한 수표를 말하는데, 지급인은 지정은행에 대해서만 지급할 수 있고 피지정은행이 지급인인 경우에는 자기의 거래처에 대해서만 지급할 수 있다. 단, 피지정은행은 다른 은행으로 하여금 추심하게 할 수 있다.

## (6) 국고수표

정부의 세입, 세출을 집행하기 위하여 지급지를 한국은행 또는 국고대리점(일반은행)으로 하는 지정수표를 말한다.

## 21. 수표의 소멸시효

① 수표의 발행인, 배서인, 기타의 채무자에 대한 소멸시효는 제시기간 경과 후 6개월이다.
② 수표 채무자의 타 채무자에 대한 소구권은 그 채무자가 수표를 환수한 날 또는 그 자가 제소된 날로부터 6개월간이다.
③ 지급보증을 한 지급인에 대한 수표상의 청구권은 제시기간 경과 후 1년간이다.

## (3) 공정증서

　공증인이나 법원의 관련 직원 등 법률상 공증행위를 할 수 있는 자가 법률관계나 사실관계에 관련된 문서나 서류의 내용을 적법한 형식에 의하여 작성하고 서명날인한 문서를 공정증서(줄여서 "공증")라고 한다.

　공증은 중요한 거래에 관하여 증거를 보전함으로써, 후일에 발생할 분쟁 등을 미연에 방지하고 권리자의 권리실행을 용이하게 하기 위하여 공증인이 이 사실을 증명하는 공권적인 확인절차를 말하는데, 사전에 공증을 해두게 되면, 위조될 위험이 거의 없어 분쟁을 미연에 방지할 수 있고, 재판절차에 있어서는 강력한 증거력을 갖게 되고 또한 별도의 재판절차 없이도 강제집행을 할 수 있기 때문에 시간과 비용의 절약 측면에서 이점이 있다고 말할 수 있다.

　공증의 종류에는 금전소비대차공증·준소비대차공증·어음 또는 수표의 공증·유언공증·정관 및 의사록의 공증·사서증서의 인증 등이 있다. 채무자가 채권자의 강제집행을 승낙하는 조항이 있는 공정증서에 대하여 채권자가 채무자를 상대로 강제집행을 하려고 할 때에는 채권자는 공증받은 공증인사무실에서 공정증서정본에 집행문을 부여받아 해당 법원의 집행관실에 강제집행신청을 하면 채무자의 재산에 대하여 강제집행을 할 수 있다.

### 1 금전소비대차의 공증

금전소비대차에서 소비대차란 예를 들어, 채무자가 채권자로부터 쌀 80kg을 빌렸다면 채권자에게 갚을 때에도 동종의 것, 즉 쌀 80kg으로 갚는 것을 말한다. 따라서 채권자가 채무자에게 돈으로 빌려주었을 경우, 채무자는 채권자에게 동종의 것인 돈으로 채무액을 갚는 것을 금전소비대차라고 한다.

또한 채권자가 채무자로부터 이자를 받기로 하는 금전소비대차계약을 체결할 때에는 특약의 합의가 있어야 한다. 이에 관한 약정이 없으면 채권자는 채무자로부터 법정이율(민법 연 5%, 상법 연 6%)만 받게 된다.

금전소비대차 공증으로 향후 강제집행을 하기 위하여는 강제집행 인낙 문언인 "본 계약에 정한 채무를 지급하지 않은 때에는 채무자는 바로 강제집행을 당하여도 이의 없음을 인낙한다"라는 내용을 공증작성시 서류에 포함시켜야 한다.

### ② 준소비대차의 공증

준소비대차라 함은 당사자 쌍방이 소비대차에 의하지 아니하고 금전 기타의 대체물을 지급할 의무가 있는 경우, 당사자가 그 목적물을 소비대차의 목적으로 할 것을 약정한 계약을 공증한 것을 말한다.

### ③ 어음·수표의 공증

약속어음 또는 수표를 공증하는 경우에는 그 약속어음 또는 수표가 진정하게 발생된 사실이 증명되는 외에 작성된 공정증서상에 강제집행의 뜻을 기재함으로써, 채무자가 채무의 이행을 하지 않게 되면 채권자는 약속어음 또는 수표의 수취인으로써 공정증서에 기해 강제집행을 실시하게 된다.

ⓐ 공증시 준비서류

㉠ 본인이 직접 가는 경우
　　(개인)　㉮ 인　장(인감도장이 아닌 막도장도 가능)
　　　　　　㉯ 신분증(주민등록증, 여권, 운전면허증 등)

　　(법인)　㉮ 인　장(법인인감도장이 아니어도 무방)
　　　　　　㉯ 법인인감증명서 또는 법인등기부등본

㉡ 대리인이 가는 경우
　　(개인)　㉮ 위임장(등록된 인감 날인)
　　　　　　㉯ 본인의 인감증명서
　　　　　　㉰ 대리인의 신분증 및 인장

　　(법인)　㉮ 위임장(법인인감 날인)
　　　　　　㉯ 법인인감증명서
　　　　　　㉰ 대리인의 신분증 및 인장

| 사 례 | 약속어음 공정증서 작성사례 |

---

홍길동 귀하

# 약 속 어 음

<u>금오천만원정(₩50,000,000)</u>

위 금액을 귀하 또는 귀하의 지시인에게 이 약속어음과 상환하여 지급하겠습니다.

지급기일 : 일람출급　　　　　　　　**발행인 성명 : 김을동 ㊞**
발 행 일 : 2004년 5월 11일
지 급 지 : 인천광역시
발 행 지 : 인천광역시
지급장소 : 인천광역시

---

증서 2004년 제3000호 **어음공정증서**

주　　　　　소 : 인천광역시 서구 가좌동 100-2
촉탁인(발행인) : 김을동(주민등록번호 : 500102-1******)

주　　　　　소 : 서울시 용산구 갈월동 10번지
촉탁인(수취인) : 홍길동(주민등록번호 : 600523-1******)

　　위 촉탁인은 본직에 대하여 이 증서에 부착된 어음의 발행 및 기명날인을 자인하며, 위 어음의 소지인에게 위 어음금의 지급을 지체할 때에는 즉시 강제집행을 받더라도 이의가 없음을 인낙하는 취지의 공정증서 작성을 촉탁하고 각 서명날인하였다.

　　촉탁인(발행인) : 김　을　동　㊞
　　촉탁인(수취인) : 홍　길　동　㊞

　　위 촉탁인들이 제시한 주민등록증에 의하여 그 사람들이 틀림없음을 인정하였다.
　　본직은 이에 위 어음에 대하여 즉시 강제집행할 것을 인낙한 공정증서를 2004년 5월 11일 이 사부소에서 작성하였다.
　　같은 날 본직은 이 사무소에서 위 촉탁인들의 청구에 의하여 정본을 수취인에게 등본은 발행인에게 각 작성 교부한 바 각자 이를 수령하였다.


　　　　　　　　2004년　5월　11일


　　　　　주　소 : 인천광역시 남구 주안동 100번지
　　　　　작성자 : 공증인가 ○○합동법률사무소
　　　　　　　　　공증담당 변호사 ○ ○ ○ 　㊞


## ④ 양도담보의 공증

　　양도담보는 채무자가 빌린 돈을 갚을 경우, 돌려 받는다는 조건으로 자기소유물건에 대하여 소유권을 채권자에게 담보로 제공한 것을 말한다. 이에 대한 공증이 양도담보공증이다. 협의의 양도담보는 채무자가 돈을 빌리면서 물건에 대한 소유권을 채권자에게 넘겨주고, 돈을 다 갚게 되면 채권자로부터 물건을 되돌려 받는 것을 말한다.

따라서 공증을 채권담보로 하여 돈을 빌려주게 되면, 후일에 채무자가 돈을 안 갚았을 경우 채권자는 공정증서에 기재된 내용, 즉 "채권자의 강제집행에 대한 채무자의 인낙조항"에 의거 재판절차 없이 채무자의 재산에 바로 강제집행을 할 수 있다는 이점이 있다.

## (4) 부동산담보

채권자는 상대방에게 돈을 빌려 줄 때 채권담보조로 빌려주는 돈만큼을 상대방(채무자)의 부동산에 저당을 잡는데, 이 때 저당권이란 무엇이며 저당권에는 어떤 종류가 있는지에 대하여 알아본다.

저당권은 채권자가 상대방에게 돈을 빌려주면서 채권을 담보하기 위하여 상대방으로부터 제공받은 부동산담보 목적물에 빌려준 돈만큼의 저당권을 설정하는 것을 말한다(채권자는 저당권자, 돈을 빌린 채무자는 저당권설정자라고 한다).

저당권자(채권자)는 상대방(채무자 또는 물상보증인: 채무자가 담보가 없거나 부족하여 채무자를 위하여 채권자에게 담보를 제공한 사람)이 저당물을 이전하지 아니하고 채무의 담보로 제공한 부동산에 대하여 다른 채권자보다 자기채권의 우선변제를 받을 권리가 있다.

저당권은 약정담보물권으로서 저당권설정을 목적으로 하는 당사자간에 물권적 합의와 등기에 의하여 성립하는 것이 원칙이며, 이 저당권설정을 목적으로 하는 당사자간의 물권적 합의가 곧 저당권설정계약이다.

부동산 담보설정시 채권금액에 해당하는 채권증서(차용증, 어음 등)를 반드시 함께 받아 둔다. 그리고 저당권설정에 대한 등기필증도 받아두어야 한다. 등기권리증이 없으면 부동산경매신청을 할 수 없다.

| 참 고 | 법정담보물권과 약정담보물권 |

- **법정담보물권**은 특정채권을 담보하기 위하여 당사자간의 약정이 없더라도 법률규정에 의하여 당연히 성립하는 담보물권을 말한다(예 : 유치권·법정저당권 등).
- **약정담보물권**은 일정한 재화의 자금화를 위하여 당사자 사이의 약정에 의하여 성립하는 담보물권을 말한다(예 : 질권·저당권).

저당권에 의하여 담보할 수 있는 채권(피담보채권이라고 한다)은 금전채권이 대표적이지만 반드시 그에 한정된 것은 아니고 적어도 저당권을 실행할 시기에 있어서는 금전채권으로 산정할 수 있는 것이면 된다. 피담보채권의 범위는 원본·이지  위약금·채무불이행으로 인한 손해배상 및 저당권의 실행비용을 담보한다.

## 법정저당권

저당권은 원칙상 당사자간의 합의와 등기에 의하여 성립하는 약정담보물권이지만, 예외로서 법률상 당연히 성립하는 경우가 있는데 그것이 법정저당권이다. 예를 들면, 토지임대인이 변제기를 경과한 최후 2년의 차임채권에 의하여 그 지상의 임차인 소유건물을 압류한 경우이다. 이때 법정저당권이 성립하는 시기는 압류등기시이다.

- **저당권의 효력** : 저당권의 효력은 저당부동산에 부합된 물건과 종물에 미친다. 그러나 법률에 특별한 규정 또는 설정행위에 다른 약정이 있으면 그렇지 않다. 또한 저당권의 효력은 저당부동산에 압류가 있은 후에 저당권설정자가 그 부동산으로부터 수취한 과실 또는 수취할 수 있는 과실에도 미친다. 그러나 저당권자가 그 부동산에 대한 소유권, 지상권 또는 전세권을 취득한 제3자에 대하여는 압류한 사실을 통지한 후가 아니면 이로써 대항하지 못한다.

- **저당권의 소멸** : 저당권은 물권일반에 공통되는 소멸원인인 목적물의 멸실·혼동·포기 등과 담보물권에 공통되는 소멸원인(피담보채권의 소멸)에 의하여 소멸하는 외에 경매 또는 제3취득자의 변제 등에 의하여 소멸한다. 그리고 피담보채권이 소멸시효로 소멸하면 그에 따라 저당권도 소멸하게 된다. 그리고 저당권만이 단독으로 소멸시효에 걸리는 일은 없다.

## 상대방이 제공하는 부동산담보물에 대한 검토

1. 부동산담보물건에 대한 담보가치와 하자, 장애요인 등을 확인하기 위해서는 등기소에 가서 부동산등기부등본을 발급받아 소유자, 권리침해 사실(가압류·가처분·가등기 등) 및 은행설정액 등을 파악하여 담보가치의 하자 유무를 조사해야 한다.

2. 부동산담보물건 소재지 현장에 가서 부동산담보물건의 위치를 보고 사후의 환금성·가격상승의 가능성과 건물의 구조·평수·세입자 관계 여부 등에 대한 세밀한 확인조사가 필요하다.

3. 아파트와 주택의 경우, 소액 및 최우선변제 세입자는 주택임대차보호법의 적용을 받기 때문에(수도권 중 과밀억제권역은 금6천만원 중 금2천만원), 이에 대비하여 담보물 평가시 방 1칸에 금2천만원씩을 공제하고 계산한다. 또한 금6천만원의 세입자가 근저당권자보다 앞서 계약서에 확정일자를 받아두게 되면 우선변제의 효력이 있기 때문에 이 점에도 유의를 해야 한다.

4. 신축 건물의 저당권설정시에는 유치권이 있는지의 여부도 잘 확인해야 한다(유치권은 부동산등기부의 등기사항이 아니다). 유치권이란 남의 물건을 점유한 자가 그 점유물로써 발생한 채권의 변제를 받을 때까지 그 물건을 유치할 수 있는 권리를 말한다. 주로 부동산에서의 유치권 문제는 건축업자가 건물을 신축하고 그 대금을 받지 못하여 그 건물을 점유, 유치권을 행사하고 있는 경우다.

## 저당권의 종류

### 1. 근저당권

근저당권은 계속적인 거래관계(예 : 당좌대출 한도 1억원, 물품외상매입 한도 1억원 등)로부터 생기는 다수의 불특정의 채권을 장래의 결산기에 있어서 일정한 한도까지만 담보하기 위한 저당권을 말한다. 근저당권은 등기가 되어 있어야만 그 효력이 발생되고 설정 순위는 빠를수록 유리하다. 이는 경매시 타 채권보다 우선적으로 그 매득금에서 변제를 받을 수 있기 때문이다. 그리고 경매는 집행권원(확정판결문 등) 없이도 할 수 있어 편리하다.

**사 례**

갑은 을과 물품매매거래를 1년간 하기로 약정을 한 후, 을로부터 물품대금 담보조로 을의 소유부동산에 근저당권(채권최고액 금1억원)을 설정하고 계속적으로 거래를 할 경우, 갑이 을에게 물품공급하고 못 받은 외상대금의 잔액이 항상 증감, 변동하더라도 갑과 을 사이에 외상매매로 발생하는 모든 채무는 근저당권의 채권최고액의 범위 안에서 담보가 되는 것이다. 따라서 을의 채무가 중도에 전혀 없는 상태가 되더라도 근저당권은 소멸하지 않는다.

### 2. 한정근저당권

한정근저당권은 저당권설정계약서에 담보되는 거래가 제한되어 있고 그 제한된 거래를 함으로써 발생되는 채무만 채권최고액의 범위 내에서 담보가 되는 것을 말한다.

### 3. 포괄근저당권

포괄근저당권은 거래의 종류(은행의 예 : 무역금융·당좌대출·어음할

인·일반대출 등)와 형태(주채무·보증채무 등)에 관계없이 현재 및 장래에 발생되는 채무 중에서 채권최고액 범위 내의 채무는 모두가 담보되는 것을 말한다.

## 4. 공동저당권

공동저당권은 동일한 채권을 담보하기 위하여 수 개의 부동산 위에 설정되는 저당권을 말한다. 즉 복수의 부동산에 1개의 저당권이 성립하는 것이 아니라 각 부동산마다 1개의 저당권이 성립되어 목적물의 수만큼의 저당권이 성립하지만 그 모든 저당권은 동일 채권의 담보물이 되어, 서로는 일정한 제약을 받는 구조를 취한다.

## 가등기담보에 의한 방법

가등기담보는 채권자가 채무자에게 돈을 빌려줄 때 채무자에게 요구하는 담보방법의 하나로서, 채무자의 부동산에 대하여 소유권이전등기에 관한 청구권보존을 위한 가등기를 하고, 때로는 그 위에다 제소전 화해까지 마쳐 채무자가 돈을 갚지 않을 경우 채권의 담보를 확보하기 위하여, 채권자가 채무자 소유의 부동산에, 향후 채무자가 채무를 불이행할 경우 소유권이전청구권을 미리 확보하기 위해 대물변제예약·매매예약 등의 가등기를 해놓는 변칙적인 가등기를 말한다.

### 사 례

채권자 갑이 채무자 을에게 돈을 빌려주면서 가등기설정담보계약을 하고, 채무자 을의 부동산을 채권자 갑의 앞으로 가등기를 했을 경우, 채무상환기간 등 미리 정한 조건범위 안에서 채무자 을이 돈을 갚지 못했을 경우에는 채무자 을의 부동산에 대하여 기 취한 가등기는 채권자 갑 앞으로 본등기 되어 소유권이 이전되는 것을 말한다.

## 가등기담보등에 관한 법률의 주요 내용

　1983. 12. 30 법률 제3681호로 제정된 이 법(시행일 1984. 1. 1)은 차용물의 반환에 관하여 차주가 차용물에 갈음하여 다른 재산권을 이전할 것을 예약함에 있어서 그 재산의 예약 당시의 가액이 차용액 및 이에 붙인 이자의 합산액을 초과하는 경우에 이에 따른 담보계약과 그 담보의 목적으로 경료된 가등기 또는 소유권이전등기의 효력을 정함을 목적으로 한다. 가등기담보・양도담보・매도담보・재매매의 예약・대물반환의 예약・환매 등 그 명칭여하에 불구하고 적어도 채권을 담보로 하는 경우로서 민법 제608조(차주에 불리한 약정의 금지)의 규정이 적용되는 때에는 가등기담보 등에 관한 법률의 규율을 받게 된다.

　민법 제608조에 의하면 민법 제606조 〔대물대차〕 (금전 대차의 경우에 차주가 금전에 갈음하여 유가증권 기타 물건의 인도를 받은 때에는 그 인도시의 가액으로써 차용액으로 한다)와 동법 제607조 〔대물반환의 예약〕 (차용물의 반환에 관하여 차주가 차용물에 갈음하여 다른 재산권을 이전할 것을 예약한 경우에는 그 재산의 예약당시의 가액이 차용액 및 이에 붙인 이자의 합산액을 넘지 못한다)의 규정에 위반한 당사자의 약정으로서 차주에게 불리한 것은 환매 기타 여하한 명목이라도 그 효력이 없는 것이다.

　가등기담보법은 재산권 이전형의 변칙담보라 하여 모두가 동법의 적용을 받는 것은 아니고 공시(가등기・가등록)되는 물건이나 재산권을 목적으로 하는 변칙담보에만 동법이 적용된다. 동법은 등기・등록할 수 있는 부동산(입목 포함)・공장재단・광업재단・자동차・선박 등과 부동산 소유권 외의 권리인 지상권・지역권・임차권 및 무체재산권 등에는 적용되나 질권・저당권・전세권은 적용되지 않는다.

재산조사

## III. 돈을 받기로 한 날에 못 받았을 때의 조치

채무자로부터 돈을 받기로 한 날에 돈을 못 받았을 때에는 사고로 간주하고 조기의 채권회수를 위해 조치를 취해야 한다. 단, 채무자의 일시적인 사정에 의한 단순 기일연장 등의 경우는 제외한다.

### 1. 채무자에 대한 소재파악

채무자에게 금전적인 사고가 나면 먼저 채무자의 소재파악부터 해야 한다. 그 이유는 채무자를 만나야 채권회수를 위한 협상과 법적조치 등을 강구할 수 있기 때문이다.

### (1) 개인과 개인사업자

**1 채무자 주소지의 변동확인**

채무자의 주민등록상 주소지의 변동유무를 확인하려면 채무자의 주소지 관할 동사무소에 가서 채무자의 주민등록초본을 발급받아 변동유무를 확인한다.

**2 채무자 실제거주지의 파악**

채권자는 채무자의 주민등록초본을 발급받아 확인한 결과, 채무자의 주민등록상 주소지가 돈을 빌릴 당시의 주소와 같음에도 불구하고 채무자가 현 주소지에 거주하고 있지 않을 경우다.

이 경우는 채무자의 실제거주지를 찾아내야 하는데 찾아내는 방법(경험에 의한 테크닉이 필요하다)이 쉽지는 않지만 아래와 같은 방법으로 해 본다.

(a) 채무자의 생활주거지를 중심으로 처와 자·부모·형제 및 이웃 주민을 상대로 수소문하여 알아본다.

(b) 채무자의 사회활동의 근거지가 되었던 직장과 사업장(개인사업자)을 중심으로 하여, 채무자가 직장을 다녔을 경우에는 직장동료, 개인사업자인 경우에는 매입·매출거래처에 대해 조사를 하여 알아본다.

(c) 기타 전화·핸드폰·차량 등을 추적하여 알아본다. 특히, 전화와 핸드폰의 경우는 채무자가 사고를 내기 전후의 통화 횟수가 많은 동일번호를 알아낸 다음 추적을 해 알아본다.

---

**참 고  채무자의 주민등록초본 발급방법**

채권자는 채권자임을 입증하는 채권증빙서류의 원본 지참 및 사본 1부(동사무소 제출용)와 본인의 신분증(주민등록증·운전면허증 등), 도장(도장 없이 싸인도 가능)을 함께 준비하고 채무자 주소지의 관할 동사무소에 가서 이해관계사실확인서를 작성한 다음 첨부서류와 함께 신청을 하면 된다(현재는 온라인으로 인하여 모든 동사무소에서 발급이 가능하다).

## (2) 주식회사

채무자가 법인인 경우에는 법인의 대표이사의 실제거주지를 알아본다. 그 이유는 법인의 채무금에 대해 대표이사가 대신 변제하도록 협상하기 위해서이다. 협상이 이루어진 때에는 대표이사 개인명의로 작성한 이행각서 등을 채권확보조로 받아 놓아야 한다.

## ■ 2. 채무자에 대한 재산조사

채무자에 대한 재산조사를 즉시 실시해야 하는 이유는 타 채권자보다 먼저 채권을 회수하기 위해서이다. 재산조사결과 채무자의 재산이 발견되었을 때에는 발견된 재산에 대해 집행권원(확정판결문 등)을 얻기 前 채권보전을 위해 가압류·가처분 등의 보전조치를 즉시 취한다.

재산조사 방법으로는 채무자에게 돈을 빌려줄 당시, (1) 신용 취급시(예 : 차용증 등), (2) 어음·수표 취급시, (3) 기타 담보 취급시(예 : 근저당권설정 등)의 경우로 구분하여 다음과 같이 조사를 한다.

## (1) 신용 취급시

### 1 개인과 개인사업자

(a) 채무자의 가족관계증명서를 발급받아 채무자의 가계도에 대해 조사를 한다. 채무자의 가계도가 파악되면 채무자의 상속·증여·은닉재산, 위장이혼, 소재파악 등을 알 수도 있기 때문이다.

(b) 채무자의 주민등록초본상 前 주소지 모두에 대하여 부동산등기

부등본을 발급받아 분석 확인을 한다. 분석 확인 내용은 과거 주소지의 부동산 소유 유무 및 전세사실의 여부 등을 조사하는 것이다. 과거 주소지에 채무자가 전세로 살았던 것으로 추정되면 그 당시의 주인을 만나서 당시의 채무자의 가족관계, 직장·사업관계 또는 생활수준 등 채권회수에 도움이 될 만한 단서를 알아내도록 한다.

(c) 채무자가 개인사업자인 경우에는 채무자의 회사의 경리여직원과 영업직원을 수배하여 사장(채무자)의 추가재산 및 회사의 재고사신·임차보증금·자동차·거래처의 외상채권 등에 대하여 알아본다.

(d) 채무자가 직장인인 경우에는 채무자의 직장명·직위·근무연수·보수·퇴직금 등에 대해 자세히 알아본다.

(e) 채무자 회사의 종업원의 임금체불·국세 등의 체납 및 4대 보험(국민연금·건강보험·고용보험·산재보험)의 연체사실의 여부도 조사한다. 조사결과 채무자가 장기연체자로 밝혀질 경우는 채무자의 재산이 없거나 재산이 있어도 거의 실익이 없다고 보면 된다.

### ② 주식회사

(a) 본점(사업장·공장 포함)·지점(사무실·영업소·공장 포함)의 주소지에 대해 조사

경우에 따라서는 법인등기부상의 본점주소지와 실제 사업장주소지가 상이할 수도 있으므로(주소의 이전 변경을 안한 경우) 두 곳 전부에 대해서 조사해야 한다.

조사는 전사업장(사무실·지점·영업소·공장 등)에 대해 실시를 하게 되는데, (1) 부동산의 소유 유무·권리침해사실·은행설정액 등, (2) 재고자산·판매거래처의 외상채권, (3) 은행에 설정 안 된 기계 및 자동차, (4) 임차보증금 등과 임금체불 및 각종 세금체납의 여부 등도 채권회수의 실익계산 면에서 함께 조사한다.

(b) 채무자인 법인의 대표이사에 대한 조사

법적으로 법인의 대표이사(공동대표이사 포함)는 법인의 채무를 위하여 개인적으로 보증을 서지 않은 이상 채무변제의 책임은 없다. 그러나 대표이사의 인적 사항과 재산을 조사하게 되면 채무회사의 채무액에 대하여 법인의 대표이사와 협의 등을 강구할 수 있을 뿐만 아니라, 법인의 대표이사가 회사의 재산을 개인적으로 빼돌린 흔적을 찾아내었을 때에는 민·형사의 법적 책임을 물을 수 있기 때문이다.

㉠ 법인의 대표이사의 인적 사항을 파악한다. 대표이사의 인적 사항을 파악하려면 상업등기소에 가서 법인등기부등본을 발급받는다. 등본을 발급받아 등본의 대표이사의 난을 보게 되면 대표이사의 성명·주민등록번호·주소가 기재되어 있어 인적 사항을 알 수 있다.

㉡ 대표이사의 인적 사항이 파악되면 대표이사의 주거지의 부동산등기부등본을 떼어서 소유자의 일치여부·가압류 등의 권리침해사실·은행설정액 등에 대해 조사를 한다.

㉢ 대표이사의 여타 소유부동산 등에 대해서도 조사를 한다.

㉣ 채무자인 법인의 관계회사·관련회사가 있는지에 대해서도 조사를 한다(관계회사는 채무자의 회사 및 대표이사가 타 회사의 주식을 일정지분 이상 보유하고 있는 것을 말하고 관련회사는 채무자의 회사 및 대표이사가 타 회사의 경영을 직·간접적으로 지배하고 있는 것을 말한다). 그리고 채무자인 법인의 대표이사가 별도의 개인회사를 가지고 있는지도 조사한다.

## (2) 어음·수표 취급시

상대방 채무자에게 어음, 수표를 담보잡고 돈을 빌려주고 돈을 못 받았을 때(사유 : 부도)에는 어음·수표의 실물상의 발행인과 배서인의 인적 사항을 정확히 알아야만 채권회수를 위한 협상과 소구권 등의 법적 행사를 할 수가 있기 때문에 이에 대해 자세히 알아본다.

보통 어음·수표가 부도나면 어음·수표의 발행인부터 보게 되는데, 이 때 어음·수표면에 서명날인된 발행인의 서명만 가지고는 발행인의 인적 사항을 알 수가 없다.

따라서 발행인의 인적 사항을 알아내기 위해서는

① 어음·수표의 지급지 은행지점의 당좌계에 가서 직원에게 부도어음·수표의 소지인임을 알리고 어음·수표의 원본과 신분증을 제시하면 해당 직원은 부도어음·수표의 발행인의 인적 사항(성명·주민등록번호·주소·회사의 상호·회사의 소재지·연락처 등)을 알려준다.

② 채권자가 채무자가 발행한 어음·수표가 지급기 이전에 부도났음을 알았을 때에는 은행에 추심을 안 하더라도 어음·수표의 지급지 은행의 지점 당좌계에 가서 부도방(지급거절확인)을 받으면 된다.

어음상에 부도방을 찍지 않게 되면 다음의 불이익을 받게 된다.

① 어음의 지급제시기간은 만기일로부터 2일 이내이기 때문에 이 기간 내에 제시하지 않게 되면 배서인에 대한 소구권이 없다. 단, 발행인은 예외이다.
② 어음의 지급제시기간 내에 제시를 해야만 법정이자를 청구할 수 있다.

수표에 부도방을 찍지 않게 되면 다음의 불이익을 받게 된다.

① 수표의 지급제시기간은 발행일로부터 10일 이내인데 이 기간 내에 제시를 하지 않게 되면 배서인에 대한 소구권이 없다.
② 발행인에 대하여 형사책임을 물을 수가 없다.

부도어음의 배서인에 대하여 소구권을 행사하기 위해서는 배서인에 대한 인적 사항을 알아내야 하는데 알아내기가 쉽지 않다.

예를 들어, 부도어음의 배서인에는 제1배서인 홍길동, 제2배서인 (종로상사) 이갑동, 제3배서인 (주)성실 대표이사 김미남이 있다고 하자, 이 때 부도어음의 배서인들이 어음에 배서한 것을 보면 배서인들의 인적 사항인 주민등록번호·주소 및 연락처 등의 기재가 아주 부실하다. 설령 연락처가 기재되어 있더라도 전화를 해보면 전화가 거의 안된다.

또한 기재된 내용이 외관상 알아보기가 힘들 정도로 퇴색되거나 흐릿한 경우 등도 적지 않다. 그래서 배서인의 인적 사항 파악이 쉽지 않다. 다만 법인의 경우에는 법인의 상호만 정확히 파악되면 법인등기부등본을 발급받아 확인해 보면 법인의 상호, 소재지, 대표이사 등을 정확히 알 수가 있다. 그러나 개인의 경우 어음배서의 기재내용이 부정확할 때에는 인적 사항을 알아내기가 사실상 불가능하므로 소구권의 행사가 어렵다.

## (3) 기타 담보 취급시

상대방 채무자에게 돈을 빌려주고 돈을 못 받았을 때에는 다음과 같은 방법에 의해 채권회수를 한다.

① 근저당권설정하고 돈을 빌려주고 못 받았을 때에는 경매에 의해 그 매득금에서 채권회수를 해 오면 된다.

② 공증에 의한 방법으로 돈을 빌려주고 돈을 못 받았을 때, 공정증서상의 채무자와 연대보증인이 채무금을 변제할 만큼 재정능력이 있는 경우에는 채무자(연대보증인 포함)가 자기명의의 아파트 등 부동산은 있으나 채무를 이행치 않고 있는 경우 이에 대한 채권회수방법은 공증인사무실에 가서 공정증서 뒤에다 집행문을 부여받아 법원의 집행관사무실에 채무자의 재산에 대하여 강제경매를 신청하고 그 후 매득금에서 돈을 회수해 오면 되고, 공증

상의 채무자와 연대보증인이 채무변제를 할 만한 재산이 전혀 없는 경우에는 공증상에 기재된 채무자와 연대보증인의 인적 사항을 가지고 앞서 설명한 대로 재산조사를 실시하는 것이다.

그 결과 재산이 발견되면, 채권자는 집행권원인 공정증서(공증사무실에 가서 공정증서에 집행문을 부여받는다)에 의거, 발견된 재산이 채권인 경우에는 채권압류 및 전부명령신청 또는 채권압류 및 추심명령신청하여 돈을 받아오면 되고, 발견된 재산이 동산(기계·자동차 등)인 경우에는 법원의 집행관실에 동산경매신청하여 그 매득금에서 돈을 회수해 오면 된다.

※ 〈표 2〉  재산조사표

| 구분 | 확 인 사 항 | | 비 고 |
|---|---|---|---|
| 개 인 | 1. 등록기준지 | 가족관계증명서, 부동산등본 | · 가계도 확인 |
| | 2. 전, 현주소지 | 주민등록초본, 부동산등본 | |
| | 3. 실제거주지 | (추적조사), 부동산등본 | |
| | 4. 자 동 차 | 차량등록원부 | |
| | 5. 전세보증금 | (파악조사), 전세계약서 | · 임대인 확인 |
| | 6. 기타 부동산 등 | (파악조사), 부동산등본 | |
| 개 인 사업자 | 1. 사업장 소재지 | 사업자등록증, 부동산등본 | |
| | 2. 실제사업장 | (추적조사), 부동산등본 | |
| | 3. 자 동 차 | 차량등록원부 | |
| | 4. 임차보증금 | (파악조사), 임대차계약서 | · 임대인 확인 |
| | 5. 거래처 외상대금 | (추적조사), 거래처 상호, 소재지, 대표자, 외상잔액 등 | · 거래처별 개별확인 |
| | 6. 재 고 자 산 | 품목, 수량, 금액 등 | · 회사방문파악 |
| | 7. 기　　타 | | |
| 주 식 회 사 | 1. 상호, 소재지, 대표이사 등 | 사업자등록증, 법인등기부등본 (폐쇄등본 및 열람) | |
| | 2. 소재지(본점, 지점, 그 외) | (파악조사), 부동산등본 | |
| | 3. 실제사업장 | (추적조사), 부동산등본 | |
| | 4. 자 동 차 | 차량등록원부 | |
| | 5. 임차보증금 | (파악조사), 임대차계약서 | · 임대인 확인 |
| | 6. 거래처 외상대금 | 거래처 상호, 소재지, 대표자, 외상잔액 등 | · 거래처별 개별확인 |
| | 7. 재 고 자 산 | 품목, 수량, 금액 등 | · 회사방문파악 |
| | 8. 관계회사, 관련회사 | (파악조사),법인등기부등본, 부동산등본 등 | |
| | 9. 대표이사의 개인회사 | (파악조사), 부동산등본 등 | |
| | 10. 기타 부동산 등 | (추적조사), 부동산등본 등 | |
| | 11. 대표이사의 주소지 | 주민등록초본, 부동산등본 | |
| | 12. 대표이사의 실제거주지 | (추적조사), 부동산등본 | |
| | 13. 공동 대표이사 | 법인등기부등본, 주민등록초본, 부동산등본 | |
| | 14. 공공 대표이사의 실제거주지 | (추적조사), 부동산등본 | |
| | 15. 기타 부동산 등 | (추적조사), 부동산등본 등 | |

# 제2부

# 보전처분

제 **2** 부

# 보 전 처 분

## I. 보전처분이란

채권자가 채무자를 상대로 법원에 소송을 제기하는 동안 채무자가 채무자의 재산을 처분하거나 빼돌리게 되면 후일에 채권자는 재판에서 승소를 하고도 채무자의 재산에 대하여 강제집행을 할 수 없는 경우가 생기게 된다. 따라서 이럴 경우를 대비하여 채권자가 제소를 하기 前 채권자의 재산에 대해 가압류·가처분의 법적 조치를 취하는 것을 보전처분이라고 한다(가압류·가처분은 어디까지나 임시조치에 불과하기 때문에 글자 앞에 "가"字를 붙인 것임).

## II. 가 압 류

### 1. 가압류의 목적

가압류는 금전채권이나 금전으로 환산할 수 있는 채권에 대하여 동산 또는 부동산에 대한 강제집행을 보전하기 위해 취하는 법적 처분을 말한다.

### 2. 보전의 필요

가압류는 이를 하지 않으면 판결을 집행할 수 없거나 판결을 집행하는 것이 매우 곤란할 염려가 있을 경우에 한다.

### 3. 관할법원

가압류는 가압류할 물건이 있는 곳을 관할하는 지방법원이나 본안의 관할법원이 관할한다(부동산소재지, 채무자 및 제3채무자의 주소지법원).

**참 고**　**본안이란**

보전처분에 의하여 직접 보전될 권리 또는 법률관계의 존부를 확정시키는 재판절차를 본안이라고 한다. 본안은 반드시 통상의 소송절차가 아니더라도 독촉절차(지급명령), 제소前 화해, 조정제도 등 모두를 본안에 포함시킨다.

## 4. 가압류신청

　가압류신청에는 청구채권의 표시, 그 청구채권이 일정한 금액이 아닌 때에는 금전으로 환산한 금액, 가압류의 이유(보전의 필요성)가 될 사실의 표시 등을 기재하여야 하며, 청구채권과 가압류의 이유는 소명을 해야 한다.

| 사 례 | 유체동산 가압류 신청서 작성사례 |
| --- | --- |

---

### 유체동산 가압류 신청서

채권자　홍 길 동
　　　　(우 : 130-860)　서울시 동대문구 제기동 51-××번지

채무자　이 도 령
　　　　(우 : 138-848)　서울시 송파구 송파동 5-××번지

### 피보전 권리의 요지

　2003년 1월 18일, 변제기 2003년 6월 18일로 정하여 대여한 대여금 채권 금10,000,000원

### 신 청 취 지

1. 채권자의 채무자에 대한 위 청구채권의 집행을 보전하기 위하여, 채무자 소유의 유체동산을 가압류한다.
라는 재판을 구합니다.

신 청 원 인

## 1. 피보전권리에 대하여

채권자는 2003년 1월 18일, 채무자에게 금10,000,000원을 변제기 2003년 6월 18일로 정하고 대여하여 주었습니다. 그러나 채무자는 아직까지 위 대여금을 변제하지 않고 있습니다.

## 2. 보전의 필요성

이에 채권자는 채무자를 상대로 대여금 청구소송을 준비중에 있으나 채무자는 다른 채권자에게도 많은 채무가 있고, 또한 유체동산의 재산 외에는 다른 재산이 없습니다. 그러나 채무자는 이것마저 은닉하려고 하기 때문에, 지금 이를 가압류하여 두지 않게 되면 후일에 본안소송에서 승소하더라도 실익이 없게 되므로 위 청구채권의 집행보전을 위하여 이 사건 신청에 이르게 되었습니다.

3. 지급보증 위탁계약 체결문서의 제출에 의한 담보제공 허가신청에 관하여는 서울보증보험주식회사와 체결한 지급보증 위탁계약 체결문서의 제출에 의한 담보제공을 허가하여 주시기 바랍니다.

소 명 방 법

1. 갑 제1호증 차 용 증     1통
2. 갑 제2호증 내용증명     1통

첨 부 서 류

1. 차용증 사본     1통
2. 내용증명 사본     1통
3. 납 부 서     1통

2004년  3월  15일

위 채권자  홍 길 동  ㊞

○ ○ 지방법원   귀중

## 5. 가압류명령

(1) 가압류신청에 대한 재판은 변론 없이 할 수 있다.

(2) 청구채권이나 가압류의 이유를 소명하지 않을 때에도 가압류로 생길 수 있는 채무자의 손해에 대하여 법원이 정한 담보를 제공한 때에는 법원은 가압류를 명할 수 있다.

(3) 청구채권과 가압류의 이유를 소명한 때에도 법원은 담보를 제공하게 하고 가압류를 명할 수 있다.

(4) 담보를 제공한 때에는 그 담보의 제공과 담보제공의 방법을 가압류명령에 적어야 한다.

## 6. 재판의 형식

(1) 가압류신청에 대한 재판은 변론을 하는 경우에는 종국판결로, 그 밖의 경우에는 결정으로 한다.

(2) 채권자는 가압류신청을 기각하거나 각하하는 결정에 대하여 즉시항고를 할 수 있다.

(3) 담보를 제공하게 하는 재판, 가압류를 기각하거나 각하하는 재판과 즉시항고를 기각하거나 각하하는 재판은 채무자에게 고지할 필요가 없다.

## 7. 가압류집행의 일반원칙

가압류집행은 민사집행법 제292조(집행개시의 요건) 및 조문의 특칙을 제외하고는 일반강제집행에 관한 규정[민사집행법 제291조 (가압류집행에 대한 본집행의 준용)], 제209조(금·은붙이의 현금화), 제210조 (유가증권의 현금화)를 준용한다.

## 8. 집행개시의 요건

(1) 가압류에 대한 재판이 있은 뒤에 채권자나 채무자의 승계가 이루어진 경우에 가압류의 집행을 하려면 집행문을 덧붙여야 한다.

(2) 가압류에 대한 재판의 집행은 채권자에게 재판을 고지하거나 송달한 날로부터 2주를 넘긴 때에는 하지 못한다. 가압류의 집행은 채무자에게 재판을 송달하기 전에도 할 수 있다.

## 9. 가압류의 효력

(1) 가압류 채무자는 가압류의 목적물을 이전·양도·담보·처분 등을 할 수가 없게 된다. 다만 이러한 처분금지의 효력은 가압류 채권자에게만 대항할 수 없을 뿐이다.

(2) 가압류의 효력으로는 배당요구의 효력과 소멸시효의 진행을 중단·연장시키는 효력이 있다.

## ■ 10. 가압류의 배당

가압류의 배당은 가압류대상이 채권인 경우에는 채권자평등주의에 의해 배당금을 채권자의 채권금액의 비율로 가져가게 되고 부동산인 경우에는 배당금을 부동산의 등기순위에 의해 채권자는 가져가게 된다.

## ■ 11. 금전 가압류집행

집행관이 금전을 압류하였을 때에는 이를 바로 채권자에게 인도하는 것이 아니라 공탁을 하게 된다. 공탁서는 집행관이 보관을 하며, 그 공탁물회수청구권에 관하여는 가압류의 효력이 미치는 것으로 본다. 뒤에 가압류 등의 취소가 있으면 집행관은 공탁금을 회수하여 채무자에게 반환하고, 가압류에서 본압류로 이전하게 되면 집행관은 공탁금을 회수하여 채권자에게 인도하여 채권을 만족시켜 주게 된다.

## ■ 12. 채권 가압류집행

제3채무자(채무자의 채무자)에 대한 금전채권 또는 유가증권 기타 유체물의 권리이전이나 인도를 목적으로 하는 채권에 대한 가압류집행은 가압류법원이 그 가압류명령을 채무자와 제3채무자(채무자의 채무자)에게 송달함으로써 이루어진다.

## ■ 13. 유체동산 가압류집행

유체동산 가압류의 신청시에는 가압류할 목적물을 구체적으로 표시하지 않아도 된다. 그 집행의 목적물이 특정되는 시기는 가압류명령 후 채권자의 신청에 의하여 현실로 집행절차가 실시되는 때가 된다.

## 14. 부동산 가압류집행

부동산에 대한 가압류는 원칙적으로 채권자의 신청에 의하여 법원이 관할등기소에 촉탁하여 가압류등기를 함으로써 그 집행을 하게 된다.

## 15. 자동차 가압류집행

자동차에 대한 가압류집행은 집행법원의 촉탁에 의하여 등록관청(차량등록사업소)이 가압류등록을 함으로써 그 집행을 하게 된다.

## III. 가 처 분

### 1. 가처분의 목적

다툼의 대상에 관한 가처분은 현상이 바뀌면 당사자가 권리를 실행하지 못하거나 이를 실행하는 것이 매우 곤란할 염려가 있을 경우에 한다. 가처분은 다툼이 있는 권리관계에 대하여 임시의 지위를 정하기 위하여도 할 수 있다. 이 경우 가처분은 특히 계속하는 권리관계에 끼칠 현저한 손해를 피하거나 급박한 위험을 막기 위하여, 또는 그 밖의 필요한 이유가 있을 경우에 해야 한다.

### 2. 관할법원

가처분의 재판은 본안의 관할법원 또는 다툼의 대상이 있는 곳을 관할하는 지방법원이 관할한다.

- 본안의 관할법원 : 본안법원은 제1심 법원으로 한다. 다만 본안이 제2심에 계속된 때에는 그 계속된 법원으로 한다.

### 3. 가처분집행의 일반원칙

민사집행법 제301조에 따라 가압류절차를 준용한다. 다만 특칙이 있는 경우에는 그렇지 않다.

## 4. 가집행의 선고

가집행선고는 장래에 있을 승소판결을 예상하여 미리 강제집행을 할 수 있도록 하는 판결내용을 말하며, 이 재판에 의하여 행하여지는 강제집행을 가집행이라 한다.

## 5. 임시지위를 정하기 위한 가처분

다툼이 있는 권리관계에 대하여 임시지위를 정하기 위한 가처분의 재판은 변론기일 또는 채무자가 참석할 수 있는 심문기일을 열어야 한다. 다만 그 기일을 열어 심리하면 가처분의 목적을 달성할 수 없는 사정이 있는 때에는 그렇지 않다.

## 6. 가처분의 방법

⑴ 법원은 신청목적을 이루는 데 필요한 처분을 직권으로 정한다.
⑵ 가처분으로 보관을 정하거나, 상대방에게 어떠한 행위를 하거나 하지 말도록, 또는 급여를 지급하도록 명할 수 있다.
⑶ 가처분으로 부동산의 양도나 저당을 금지한 때에는 법원은 부동산가압류의 규정을 준용하여 등기부에 그 금지한 사실을 기입하게 하여야 한다.

## 7. 법인임원의 직무집행정지 등 가처분의 등기촉탁

법원사무관 등은 법원이 법인의 대표자 그 밖의 임원으로 등기된 사람에 대하여 직무의 집행을 정지하거나 그 직무를 대행할 사람을 선임

하는 가처분을 하거나 그 가처분을 변경·취소하는 때에는, 법인의 주사무소 및 분사무소 또는 본점 및 지점이 있는 곳의 등기소에 그 등기를 촉탁해야 한다. 다만 이 사항이 등기해야 할 사항이 아닌 경우에는 그렇지 않다.

## 8. 가처분의 취소

특별한 사정이 있는 때에는 담보를 제공하고 가처분을 취소할 수 있다.

| 사 례 | 계쟁물에 관한 가처분의 예 |
| --- | --- |

채무자 A 소유의 토지에 대하여 채권자 B가 인도를 청구하려 하는데 채무자 A가 그 토지 위에 건축을 하고 있는 경우, 채권자 B가 이 청구권에 근거하여 장차 강제집행을 하는 것이 어렵다고 판단되어(가처분의 필요성), 후일의 집행보전을 위하여 취하는 보전처분을 계쟁물에 관한 가처분이라고 한다. 계쟁물에 관한 가처분에는 점유이전금지가처분, 처분금지가처분 등이 있다.

| 사 례 | 임시적 지위를 정하는 가처분의 예 |
| --- | --- |

A가 교통사고를 내어 B가 부상을 당했는데 A는 자신의 과실이 없음을 이유로 무책임을 주장하고, B는 A의 손해배상책임을 주장하여 다툼이 있을 때 B의 응급처치를 위해(임시지위를 정하는 가처분의 필요성) B에게 손해배상청구권이 있다고 가정하고 B에게 일정액의 배상금지급을 명하는 경우, 이를 임시적 지위를 정하는 가처분이라고 한다. 이와 같이 쟁의 없는 권리관계에 대해 임시지위를 정할 필요가 있을 때에 하는 가처분인데, 이는 재산법상 권리관계에 한하지 않는다. 임시적 지위를 정하는 가처분으로는 이사의 직무정지가처분·공사방해금지가처분 등이 있다.

# IV. 보전처분에서 본집행으로의 이전

## 1. 가압류에서 본집행으로의 이전

### (1) 유체동산에 대한 가압류

채권자의 신청을 받은 집행관은 이미 유체동산에 대하여 가압류 해 둔 물건의 보관장소에 가서 가압류의 목적물을 점검한 후 채무자에게 본집행을 한다는 뜻을 알리고, 이미 가압류된 표시는 그대로 둔 채 덧붙여서 본압류를 표시하는 방법으로 한다.

### (2) 채권에 대한 가압류

이미 가압류한 채권에 대해 채권압류와 동시에 추심명령 또는 전부명령신청(신청시에는 가압류에서 본압류로 이전한다는 뜻의 내용을 기재한 후 가압류결정문 사본을 첨부하여 제출한다)을 법원에 하면 된다(예 : 채권가압류에서 본압류로 이전하는 추심명령 또는 전부명령).

### (3) 부동산 및 자동차에 대한 가압류

부동산 및 부동산에 준하는 자동차의 가압류는 강제경매개시결정을 함으로써 본압류로 이전을 하게 된다.

## 2. 가처분에서 본집행으로의 이전

### (1) 부동산처분금지가처분

부동산에 대한 처분금지가처분은 확정판결에 기하여 소유권이전등기신청과 함께 가처분기입등기 후 이에 저촉된 등기를 한 제3자의 등기말소신청을 하면 등기관은 이들의 등기를 말소하고 채권자명의의 소유권이전등기를 기입하게 된다.

### (2) 점유이전금지가처분

① 집행관보관의 점유이전금지가처분은 이미 채무자의 점유를 배제하고 인도의 집행을 종료하였기 때문에 별도의 점유취득절차는 필요가 없고 그대로 채권자에게 이전하게 된다.

② 집행관보관·채무자사용형의 점유이전금지가처분은 채무자를 배제하고 새로운 현실적인 집행을 필요로 하게 된다.

③ 집행관보관·채권자사용형의 점유이전금지가처분은 채권자에게 집행관의 보관이 해제되었음을 알려만 주면 된다.

### (3) 단행가처분

단행가처분을 해둔 경우에는 집행력 있는 판결정본 등의 집행권원에 의하여 본집행을 신청함으로써 곧바로 본집행으로 이행됨과 동시에 본집행은 집행목적을 달성하여 종료된 것으로 처리된다.

# 제 **3** 부

# 채권회수

# 채 권 회 수

## I. 강 제 집 행

### 1. 강제집행이란

강제집행은 채권자가 확정된 종국판결이나 가집행선고가 있는 종국판결의 집행권원(종전의 채무명의)에 기초하여 국가권력에 대하여 그 집행을 신청하면 국가는 채무자의 의사와 관계없이 실력으로 그 청구권을 실현시켜주는 집행절차를 말한다.

## ■ 2. 간이절차에 의해 받아내는 집행권원의 종류

　강제집행을 하기 위해서는 확정판결문 등과 같은 집행권원이 필요하다. 이를 위해서는 소송을 제기하여야 하는데 시일이 많이 소요되기 때문에, 독촉으로 금전채권을 확정지을 수 있는 지급명령신청과 소액소송 등을 하게 되면 일반소송보다 시일이 단축되어 빠른 시일 내에 법원으로부터 집행권원을 받아낼 수가 있다.

### (1) 지급명령(독촉절차)

　지급명령신청은 금전 기타 대체물이나 유가증권의 일정한 수량의 지급을 목적으로 하는 채권만을 인정한다. 단, 공시송달에 의한 신청방법은 안된다. 지급명령은 법원이 채권자를 대신하여 채무자에게 돈을 빨리 채권자에게 지급하라는 독촉제도로서, 본 명령은 채무자가 송달을 받은 날로부터 14일 이내에 이의제기를 하지 않으면 재판을 받은 판결문과 같은 효력의 집행권원을 얻게 된다. 만일 채무자의 이의제기가 있을 때에는 지급명령은 본안소송(채권자신청)으로 전환이 된다.

| 사 례 | 지급명령신청서 작성사례 |
| --- | --- |

---

### 지급명령신청서

채 권 자　서 대 문
　　　　　인천광역시 남동구 고잔동 ×××번지
채 무 자　동 대 문
　　　　　인천광역시 부평구 갈산동 ×××번지

대여금 청구의 독촉
청구금액 금10,000,000원

## 신 청 취 지

채무자는 채권자에게 금10,000,000원 및 이 금액에 대하여 이 건 명령을 송달받은 다음날부터 완제일에 이르기까지 연 20%의 비율에 의한 금원 및 독촉절차비용을 지급하라.

1. 독촉절차비용  금******원
2. 내   역
   인지대 금****원
   송달료 금****원

## 신 청 원 인

채권자는 채무자에게 2×××년 ×월 ×일 금10,000,000원을 대여해 주고 현재까지 받지 못한 돈 금10,000,000원이 있습니다.

그 동안 채권자는 이 돈을 받기 위하여 채무자에게 수차의 독촉을 하였음에도 채무자가 아직까지도 이행치 않고 있어 부득이 본 신청을 하게 되었습니다.

## 첨 부 서 류

1. 차용증 사본        1통
2. 송달료 납부서      1통

2×××년  ××월  ××일

위 채권자    서 대 문 ㉑

인천지방법원   귀중

## (2) 소액심판제도

소액심판사건의 소송대상은 소송가액이 2천만원을 초과하지 아니하는 금전 기타 대체물, 유가증권의 일정한 수량의 지급을 청구하는 사건을 말한다. 다만 임대차보증금의 경우에는 소송가액이 2천만원을 초과하더라도 소액사건심판법이 적용된다. 소액사건의 소송은 소액사건심판법의 개정(2001. 1. 29 공포)으로 이행권고결정제도가 새로이 신설되어 현재 시행되고 있다.

| 사 례 | 소장 작성사례 |
| --- | --- |

---

### 소    장

원 고   이 도 령
    (우 : 140-819)  서울시 용산구 동자동 14-**번지
    (연락처 : 019-***-****)
피 고   김 한 강
    (우 : 121-800)  서울시 마포구 공덕동 99-**번지
    (연락처 : 011-***-****)

대여금청구의 소

### 청 구 취 지

1. 피고는 원고에게 금3,000,000원 및 이에 대한 이 사건 소장을 송달받은 다음 날부터 완제일에 이르기까지 연 2할의 비율에 의한 돈을 지급하라.
2. 소송비용은 피고의 부담으로 한다.
3. 제1항은 가집행할 수 있다.
라는 판결을 구합니다.

## 청 구 원 인

1. 원고는 피고에게 금3,000,000원을 무이자로 2004년 2월 20일에 받기로
   약속하고 위 돈을 빌려준 사실이 있습니다.
2. 피고는 위 돈을 약속기일에 갚지 않아, 원고는 위 돈을 받기 위하여 수
   차에 걸쳐 피고에게 독촉하였으나 아직까지도 이행치 않고 있습니다.
   따라서 원고는 위 돈을 받기 위하여 본 소를 제기하게 되었습니다.

## 입 증 방 법

1. 갑 제1호증 차용증
2. 기타 필요서류는 수시로 제출하겠습니다.

## 첨 부 서 류

| 소장 부본        1통
2. 차용증 사본       1통
3. 송달료 납부서     1통

2004년  5월  15일

위 원고 이  도  령  ⑩

○○지방법원   귀중

---



이행권고결정은 간이한 소액사건에 대하여 법원의 직권으로 이행권고결정을
한 후 이에 대해 피고가 14일 이내에 이의제기를 하지 않게 되면 곧바로 변
론 없이도 원고에게 집행권원을 부여할 수 있도록 한 제도다. 이행권고결정
이 확정된 때에는 원칙적으로 집행문 부여 없이 이행권고결정서 정본만으로
강제집행을 할 수 있다. 이행권고결정을 할 수가 없는 경우는 지급명령이의
또는 조정이의사건, 청구취지나 청구원인이 불명한 때와 기타 이행권고를 하
기에 적절하지 않은 경우이다.

## (3) 민사조정 및 제소**前** 화해

법원에서 판사의 중재에 의해 당사자가 양보하여 성립된 내용을 조서에 기재함으로써 집행권원이 되는 것을 말한다. 특히 민사조정이나 제소前 화해는 채권의 종류와 관계없이 할 수 있다. 민사조정시 그 결과가 성립시에는 조정조서가 확정판결과 같은 효력을 가지지만, 불성립시에는 본안소송으로 전환되어 정식재판을 받게 된다.

| 사 례 | 제소전 화해 신청서 작성사례 |
| --- | --- |

---

### 제소**전** 화해 신청서

신 청 인　　김 바 위
　　　　　　(우 : 400-110)　인천광역시 중구 선화동 10-**번지
　　　　　　(연락처 : 032-**-****)
피 신 청 인　이 도 령
　　　　　　(우 : 406-806)　인천광역시 연수구 선학동 347-**번지
　　　　　　(연락처 : 032-**-****)

대여금청구 화해사건

### 청 구 취 지

신청인과 피신청인간 다음 화해조항 기재 취지의 제소전 화해를 신청합니다.

### 신 청 원 인

1. 신청인은 피신청인에게 2004년 3월 10일 금3,000,000원을, 변제기일 2004년 6월 10일, 이자 월 3푼으로 약정하고 대여하였습니다.

2. 피신청인은 위 변제기일에 금270,000원만을 지급하였으므로 이를 3개
   월분 이자에 충당하였으나 나머지 이자 및 원금 금3,000,000원의 채무
   에 대하여는 지금까지 이를 변제하지 않고 있습니다.

### 쟁의의 실정

1. 피신청인은 위 금3,000,000원의 차용사실에 대하여 다투지 않고 있으
   나, 이자의 약정사실을 부인하고 변제기일에 지급한 금270,000원은 원
   금의 일부조로 지급한 것이라고 고집을 하고 있습니다.
2. 그러나 수차의 접촉을 통해 쌍방은 양보하여 다음 화해조항 기재와 같
   이 화해가 성립될 가능성이 보이므로 이 화해신청을 하게 된 것입니다.

### 화 해 조 항

1. 피신청인은 신청인으로부터 2004년 3월 10일 금3,000,000원을 차용하
   여 현재 위 금원의 지급의무가 있음을 확인한다.
2. 피신청인은 신청인에게 전항 채무액에 대한 2004년 6월 10일부터 완
   제일까지 연 2할의 비율에 의한 이자를 지급한다.
3. 피신청인은 위 1, 2항의 채무를 2004년 8월 31일까지 신청인에게 지참
   지급한다.
4. 화해비용은 각자의 부담으로 한다.

### 첨 부 서 류

1. 위 임 장        1통
2. 차용금증서      1통
3. 신청서 부본     1통

2004년  6월  20일

위 신 청 인   김 바 위   ㉑

○ ○  지방법원   귀중

<table><tr><td>사 례</td><td>조정신청서 작성사례</td></tr></table>

# 조정신청서

신 청 인  김 일 병
(우 : 135-801)  서울시 강남구 개포동 138-**번지
(연락처 : 017-***-****)
피 신 청 인  이 도 령
(우 : 134-815)  서울시 강동구 길동 154-**번지
(연락처 : 011-***-****)

사 건 명  임대보증금 반환

## 신 청 취 지

피신청인은 신청인에게 금50,000,000원을 지급한다.
라는 조정을 구합니다.

## 분 쟁 내 용

1. 신청인은 2002년 1월 25일 피신청인으로부터 그의 소유인 서울시 강동구 길동 154-**번지 소재 주택을 임대보증금 금50,000,000원, 임대기간 2002년 2월 1일부터 2년으로 하여 임차하고, 임대보증금 전액을 지급하였습니다.
2. 그 후 2004년 2월 1일 임대기간이 만료되었으나 피신청인은 자금사정이 어렵다는 이유로 임대보증금을 반환하지 아니하므로 그 지급을 받기 위하여 조정을 신청합니다.

증 거 서 류

1. 임대차계약서 사본　　1통
2. 주민등록등본　　　　　1통
3. 영 수 증 사본　　　　　1통

2004년  5월  25일

신 청 인　김 일 병　⑪

○ ○  지방법원  귀중

## ■ 3. 강제집행을 위한 준비서류

### (1) 집행권원(구 : 채무명의)

　집행권원은 법률적으로 이행할 의무가 있다는 것을 증명하고 이 의무를 강제적으로 실현할 수 있는 집행력을 인정한 공적 문서를 말한다.

| 참 고 | 집행권원의 종류 |
| --- | --- |

　⑴ 확정된 종국판결
　⑵ 항고로만 불복할 수 있는 재판
　⑶ 가집행선고가 내려진 재판
　⑷ 확정된 지급명령
　⑸ 공증인이 일정한 금액의 지급이나 대체물 또는 유가증권의 일정한 수량의
　　 급여를 목적으로 하는 청구에 관하여 작성한 공정증서로서 채무자가 강제
　　 집행을 승낙한 취지가 적혀 있는 것
　⑹ 소송상의 화해, 청구인낙 등 그 밖의 확정판결과 같은 효력을 가지는 것
　⑺ 검사의 집행명령 등

## (2) 집 행 문

집행문은 집행권원에 집행력이 있다는 것과 집행력이 미치는 범위 및 강제집행에 적합함을 법원사무관 등이 집행권원의 말미에 부기한 후 법원의 인을 압날한 문언을 말한다. 집행문이 없으면 강제집행을 할 수가 없다.

---

**참 고**　집 행 문

"이 정본은 피고 아무개에 대한 강제집행을 실행하기 위하여 원고 아무개에게 준다."

---

**참 고**　집행문 있는 수통의 정본재도 부여신청

채권자가 수통의 집행문을 신청하거나 전에 내어준 집행문을 돌려 받지 아니하고 다시 집행문을 신청할 때에는 재판장의 명령이 있어야 한다. 채권자가 한 지역에서 또는 한 가지 방법으로는 강제집행을 하여도 모두 변제를 받을 수 없을 때에는 수통의 집행력 있는 정본에 의하여 여러 지역에서 또는 여러 가지 방법으로 동시에 강제집행을 할 수 있다.

**예** : 채무자의 가재도구·자동차·채권 등에 대해서 채권자가 채권액 만족을 위해, 동시에 강제집행을 실시할 경우이다.

## (3) 송달증명

지급명령정본 또는 판결정본은 당사자에게 송달되어야 그 효력을 발생할 수 있다. 이러한 정본이 효력을 발생하기 위해서는 관할법원으로부터 송달증명을 발급받아야 한다.

| 사 례 | 집행문부여 등 신청서 양식 |

# 신　청　서

사 건 번 호 　　　　　　　　　　　(단독 　 . 　. 선고, 기타 　 )
원고(채권자)
피고(채무자)

---

1. 집행문부여신청

　위 당사자간 사건의(판결, 결정, 명령, 화해조서, 인낙조서, 조정조서)
정본에 집행문을 부여하여 주시기 바랍니다.

---

2. 송달증명원

　위 사건의 (판결, 결정, 명령, 화해조서, 인낙조서) 정본이 2003. 　. 　.
자로 상대방에게 송달되었음을 증명하여 주시기 바랍니다.

---

3. 확정증명원

　위 사건의 (판결, 결정, 명령, 　 )이 2003. 　. 　. 자로 확정되었음을 증
명하여 주시기 바랍니다.

---

위 (1항, 2항, 3항)

　　　　　　　　　　　　　　신청인　 원고(채권자)　 ㊞

○○ 지방법원 귀중

---

위 (송달, 확정) 사실을 증명합니다.

　　　　　　　　　　2×××년　 ××월　 ××일

○○ 지방법원　　　 법원사무관(주사)

| 사 례 | 집행력 있는 정본 재도부여 신청 작성사례 |

# 집행력 있는 정본 재도부여 신청

사    건    2×××가단1000호 대여금
원    고    서 대 문
피    고    동 대 문


　위  당사자간  귀원  2×××가단1000호  대여금청구사건에  관하여  원고
는  2×××년  ×월  ×일  귀원에서  선고된  판결의  집행력  있는  정본을
별지증명서와  같이  귀원  ××타기×××,×××가압류에서  본압류로  전
이하는  채권압류  및  추심명령집행에  사용중인바,  위  집행에서  채권압류
및  추심명령한  청구금액은  금5,000,000원으로써  청구채권의  만족을  얻을
수  없으므로  추가로  채무자의  소유부동산에  대하여  강제집행을  하고자
하오니  집행력  있는  정본  2통을  재도  부여하여  주시기  바랍니다.


2×××년　××월　××일


위 원고　서 대 문　㊞
인천광역시  남동구  고잔동  ***번지


# 첨 부 서 류


1.  ×××타기×××,×××  가압류에서  본압류로  전이하는  채권압류  및
추심명령 사본 1부


　○ ○ 지방법원　귀중

---

　위의 정본은 재판장의 명에 의하여 피고 동대문에 대한 강제집행을 실시하기 위하여 원고 서대문에게 2통을 재도 부여한다.


2×××년　××월　××일


○ ○ 지방법원

법 원 주 사　　홍　길　동　㊞

---

## ◼ 4. 강제집행물의 구분

(1) 동산 또는 동산에 준하여 강제집행을 하는 것

　　**예** : 유체동산, 채권, 기타의 재산권, 부동산의 법정과실인 지료 등

(2) 부동산 또는 부동산에 준하여 강제집행하는 것

　　**예** : 부동산, 차량등록된 자동차, 등기된 건설기계, 선박 등


## ◼ 5. 집행기관

　유체동산의 집행기관은 법원의 집행관실의 집행관이고, 채권·기타의 재산권·부동산·선박 등의 집행기관은 집행법원이 된다.

## ■ 6. 금전채권에 기초한 강제집행

## 가. 재산명시절차 등

### (1) 재산명시신청

#### 1 신　청

금전지급을 목적으로 하는 집행권원에 기초하여 강제집행을 개시할 수 있는 채권자는 본 신청서를 1심 재판법원에 제출하면 된다. 다만, 민사소송법 제213조(가집행의 선고)에 따른 가집행의 선고가 붙은 판결 또는 같은 조의 준용에 따른 가집행의 선고가 붙어 집행력을 가지는 집행권원의 경우에는 그렇지 않다.

#### 2 절　차

신청서를 접수한 법원은 채무자에게 재산관계를 명시한 재산목록을 제출하라는 명령을 한다(심문하지 않고 결정한다). 이에 대하여 채무자는 재산명시명령을 송달받은 날로부터 1주 이내에 이의신청을 할 수 있다. 그 다음 법원은 재산명시기일을 정하고 그 명시기일에 채무자를 출석케 하여 선서(양심에 따라 사실대로 재산목록을 작성하여 제출하였으며, 만일 숨긴 것이나 거짓 작성한 것이 있으면 처벌을 받기로 맹세합니다)와 채무자가 작성한 재산목록을 받는다.

| 채무자가 제출하게 될 재산목록 |
| --- |
| 　채무자는 재산명시기일에 강제집행의 대상이 되는 재산과 아래 사항을 명시한 재산목록을 제출하게 된다. |

① 재산명시명령이 송달되기 전 1년 이내에 채무자가 한 부동산의 유상양도

② 재산명시명령이 송달되기 전 1년 이내에 배우자, 직계혈족 및 4촌 이내의 방계혈족과 그 배우자, 배우자의 직계혈족과 형제자매에게 한 부동산 외의 재산의 유상양도

③ 재산명시명령이 송달되기 전 2년 이내에 채무자가 한 재산상의 무상처분. 다만, 의례적인 선물은 제외한다.

## 재산목록에 적을 사항과 범위 (민사집행법 제28조 제2항)

단, 민사집행법 제195조 압류가 금지되는 물건과 동법 제246조 제1항 제1호 내지 제3호에 규정된 압류금지채권은 제외한다.

① 부동산에 관한 소유권·지상권·전세권·임차권·인도청구권과 그에 관한 권리이전청구권

② 등기 또는 등록의 대상이 되는 자동차·건설기계·선박·항공기의 소유권, 인도청구권과 그에 관한 권리이전청구권

③ 광업권·어업권, 그 밖에 부동산에 관한 규정이 준용되는 권리와 그에 관한 권리이전청구권

④ 특허권·상표권·저작권·디자인권·실용신안권, 그 밖에 이에 준하는 권리와 그에 관한 권리이전청구권

⑤ 50만원 이상의 금전과 합계액 50만원 이상의 어음·수표

⑥ 합계액 50만원 이상의 예금과 보험금 50만원 이상의 보험계약

⑦ 합계액 50만원 이상의 주권·국채·공채·회사채, 그 밖의 유가증권

⑧ 50만원 이상의 금전채권과 가액 50만원 이상의 대체물인도채권(같은 채무자에 대한 채권액의 합계가 50만원 이상인 채권을 포함한다), 저당권 등의 담보물권으로 담보되는 채권은 그 취지와 담보물권의 내용

⑨ 정기적으로 받을 보수·부양료, 그 밖의 수입

⑩ 소득세법상의 소득으로서 제9호에서 정한 소득을 제외한 각종소득 가운데 소득별 연간합계액 50만원 이상인 것
⑪ 합계액 50만원 이상의 금·은·백금·금은제품과 백금제품
⑫ 품목당 30만원 이상의 시계·보석류·골동품·예술품과 악기
⑬ 품목당 30만원 이상의 의류·가구·가전제품 등을 포함한 가사비품
⑭ 합계액 50만원 이상의 사무가구
⑮ 품목당 30만원 이상의 가축과 농기계를 포함한 각종 기계
⑯ 합계액 50만원 이상의 농·축·어업생산품(1월 안에 수확할 수 있는 과실을 포함한다), 공업생산품과 재고상품
⑰ 제11호 내지 제16호에 규정된 유체동산에 관한 인도청구권·권리이전청구권, 그 밖의 청구권
⑱ 제11호 내지 제16호에 규정되지 아니한 유체동산으로 품목당 30만원 이상인 것과 그에 관한 인도청구권·권리이전청구권, 그 밖의 청구권
⑲ 가액 30만원 이상의 회원권, 그 밖에 이에 준하는 권리와 그에 관한 이전청구권
⑳ 그 밖에 강제집행의 대상이 되는 것으로서 법원이 범위를 정하여 적을 것을 명한 재산

## 압류가 금지된 물건 (민사집행법 제195조)

① 채무자 및 그와 같이 사는 친족(사실상의 관계에 따른 친족을 포함한다. 이하 이 조에서 "채무자 등"이라 한다)의 생활에 필요한 의복·침구·가구·부엌가구 그 밖의 생활필수품
② 채무자 등의 생활에 필요한 2월간의 식료품·연료 및 조명재료
③ 채무자 등의 생활에 필요한 1월간의 생계비로서 대법원규칙이 정하는 액수의 금전
④ 주로 자기 노동력으로 농업을 하는 사람에게 없어서는 아니될 농기구·비료·가축·사료·종자 그 밖에 이에 준하는 물건

⑤ 주로 자기의 노동력으로 어업을 하는 사람에게 없어서는 아니될 고기잡이 도구·어망·미끼·새끼고기 그 밖에 이에 준하는 물건

⑥ 전문직 종사자·기술자·노무자 그 밖에 주로 자기의 정신적 또는 육체적 노동으로 직업 또는 영업에 종사하는 사람에게 없어서는 아니될 제복·도구 그 밖에 이에 준하는 물건

⑦ 채무자 또는 친족이 받은 훈장·포장·기장 그 밖에 명예증표

⑧ 위패·영정·묘비 그 밖에 상례·제사 또는 예배에 필요한 물건

⑨ 족보·집안의 역사적인 기록·사진첩 그 밖에 선조숭배에 필요한 물건

⑩ 채무자의 생활 또는 직무에 없어서는 아니될 도장·문패·간판 그 밖에 이에 준하는 물건

⑪ 채무자의 생활 또는 직업에 없어서는 아니될 일기장·상업장부 그 밖에 이에 준하는 물건

⑫ 공표되지 아니한 저작 또는 발명에 관한 물건

⑬ 채무자 등이 학교, 교회, 사찰, 그 밖의 교육기관 또는 종교단체에서 사용하는 교과서·교리서·학습용구 그 밖에 이에 준하는 물건

⑭ 채무자 등의 일상생활에 필요한 안경·보청기·의치·의수족·지팡이·장애보조용 바퀴의자 그 밖에 이에 준하는 신체보조기구

⑮ 채무자 등의 일상생활에 필요한 자동차로서 자동차관리법에서 정하는 바에 따른 장애인용 경형자동차

⑯ 재해방지 또는 보안을 위하여 법령의 규정에 따라 설비하여야 하는 소방설비·경보기구·피난시설 그 밖에 이에 준하는 물건

## 압류금지채권 (민사집행법 제246조 제1호)

① 법령에 규정된 부양료 및 유족부조료

② 채무자가 구호사업이나 제3자의 도움으로 계속받는 수입

③ 병사의 급료

④ 급료·연금·봉급·상여금·퇴직금·퇴직연금 그 밖에 이와 비슷한 성질을 가진 급여채권의 2분의 1에 해당하는 금액

재산명시기일에 출석한 채무자가 3월 이내에 변제할 수 있음을 소명한 때에는 법원은 그 기일을 3월의 범위 내에서 연기할 수 있으며, 채무자가 새 기일에 채무액의 3분의 2 이상을 변제하였음을 증명하는 서류를 제출한 때에는 다시 1월의 범위 내에서 연기할 수 있다.

### ③ 처 벌

채무자가 정당한 사유 없이 명시기일 불출석, 재산목록의 제출거부 및 선서 거부에 하나라도 해당하는 행위를 한 경우에는 법원은 결정으로 20일 이내의 감치에 처하고, 채무자가 거짓의 재산목록을 낸 때에는 3년 이하의 징역 또는 500만원 이하의 벌금에 처한다.

### ④ 재 신 청

재산명시신청이 기각, 각하된 경우에 그 명시신청을 한 채권자는 기각, 각하 사유를 보완하지 아니하고서는 같은 집행권원으로 다시 재산명시신청을 할 수 없다.

| 사 례 | 재산관계명시명령신청서 작성사례 |
| --- | --- |

---

### 재산관계명시명령신청서

채 권 자   서 대 문
　　　　　인천광역시 남동구 고잔동 ***번지
채 무 자   동 대 문
　　　　　인천광역시 남동구 고잔동 ****번지

집행권원의 표시 :  ○○지방법원 2×××년 ××월 ××일 선고 99가단
　　××× 호 대여금청구사건의 집행력 있는 판결정본

채무자가 이행하지 아니하는 금전채무액 : 금10,000,000원 및 이 금액에
　　대한 2×××년 ×월 ×일부터 완제일까지의 연 20%의 비율에 의해
　　가산한 금원

## 신 청 취 지

채무자는 재산관계를 명시한 재산목록을 제출하라.
라는 재판을 구합니다.

## 신 청 이 유

1. 채권자는 채무자에 대하여 위 집행권원의 표시 기재의 집행권원을 가
　　지고 있습니다 그럼에도 불구하고 채무자는 위 채무를 이행치 않고
　　있습니다.
2. 채권자는 강제집행을 실시하기 위하여 채무자의 재산을 조사하였으나,
　　이를 발견하기가 극히 어려워 강제집행을 할 수 없는 실정에 있습니다.
3. 따라서 민사집행법 제61조에 의하여 채무자에 대한 재산관계명시명령
　　을 신청합니다.

## 첨 부 서 류

1. 집행력 있는 판결정본　　　　　1부
2. 송달 및 확정증명서　　　　　각 1부
3. 송달료 납부서　　　　　　　　1부

2×××년　××월　××일

위 채권자 서 대 문 ㉑
인천광역시 남동구 고잔동 ***번지

○○ 지방법원　귀중

## (2) 채무불이행자명부 등재신청

### ① 신 청

채무자가 아래 어느 하나에 해당하면 채권자는 그 채무자를 채무불이행자명부에 올리도록 신청할 수 있다.

(a) 금전의 지급을 명한 집행권원이 확정된 후 또는 집행권원을 작성한 후 6월 이내에 채무를 이행하지 아니하는 때. 다만, 민사소송법 213조(가집행의 선고)에 따른 가집행의 선고가 붙은 판결 또는 같은 조의 준용에 따른 가집행의 선고가 붙어 집행력을 가지는 집행권원의 경우를 제외한다.

(b) 채무자의 재산명시기일의 불출석, 재산목록의 제출거부 및 선서거부와 거짓의 재산목록을 법원에 제출한 때.

채권자는 채무불이행자명부 등재신청서를 작성하여 위 각 등재신청의 요건을 증명할 서류를 첨부하여 제1심법원 또는 지급명령이나 조정명령을 한 법원에 제출하면 된다.

### ② 재 판

법원은 채권자의 채무불이행자명부 등재신청에 대하여 정당한 이유가 있는 때에는 채무자를 채무불이행자명부에 올리는 결정을 하게 된다. 그러나 법원은 등재신청에 정당한 이유가 없거나 채권자가 쉽게 강제집행할 수 있다고 인정할 만한 사유가 있는 때에는 법원은 결정으로 이를 기각하게 된다.

<table>
<tr><td>사 례</td><td>채무불이행자명부 등재신청 작성사례</td></tr>
</table>

# 채무불이행자명부 등재신청

채 권 자  서 대 문
　　　　　인천광역시 남동구 고잔동 ***번지
채 무 자  동 대 문
　　　　　인천광역시 남동구 만수동 ****번지

## 신 청 취 지

채무자를 채무불이행자명부에 등재한다. 라는 재판을 구합니다.

## 신 청 이 유

1. 채권자는 채무자에 대하여 2×××가단×××호 대여금청구사건의 확정판결에 기한 금10,000,000원 및 이에 대한 2×××년 ×월 ×일부터 완제일까지 연 20%의 비율에 의한 금원의 집행권원을 가지고 있습니다.
2. 위 판결은 2×××년 ×월 ×일 확정되어 집행력이 발생하였으나, 그 후 2년이 지나도록 채무자는 위 채무를 이행하지 않고 있습니다.
3. 채권자는 강제집행을 하기 위해 채무자의 재산을 탐색하였으나 재산을 은닉하고 있어 발견하기가 어려워 강제집행을 할 수 없는 실정에 있으므로 신청취지와 같은 재판을 구하기 위해 이 신청을 하게 되었습니다.

## 첨 부 서 류

1. 집행력 있는 판결정본　　　　　　　　　1부
2. 채무이행최고서　　　　　　　　　　　　1부
3. 집행이 어렵다는 보고서　　　　　　　　1부
4. 채무자의 주소를 소명할 수 있는 자료　1부

2×××년  ××월  ××일

위 채권자  서 대 문 ㉑

○ ○ 지방법원  귀중

### ③ 명부의 비치

채무불이행자명부는 등재결정을 한 법원에 비치하고, 부본은 채무자의 주소지(채무자가 법인인 경우 주된 사무소가 있는 곳), 시(구가 설치되지 아니한 시를 말한다), 구·읍·면의 장에게 보내 그 곳에 비치를 하게 한다.

### (3) 재산조회

재산명시절차가 끝난 경우에 채무자의 재산명시기일 불출석, 재산목록의 제출거부 및 선서거부와 거짓으로 재산목록을 낸 때와 채무자가 제출한 재산목록의 재산만으로는 집행채권의 만족을 얻기에 부족하면, 재산명시한 법원은 그 재산명시를 신청한 채권자의 신청에 따라 개인의 재산 및 신용에 관한 전산망을 관리하는 공공기관·금융기관·단체 등에 채무자 명의의 재산에 관하여 조회를 해주는 제도를 말한다.

현재 대법원은 2003년도부터 채권자의 신청이 있는 경우, 국내 시중은행과 증권회사와 전산망을 연결하여 채무자의 은닉재산을 찾아내는 재산조회제도를 실시하고 있다. 신청방법은 집행권원(확정판결 등)을 가진 채권자가 채무자를 관할하는 법원에 재산명시신청을 하여, 명시절차를 거친 이후 재산명시를 실시한 법원에 재산조회 신청을 하면 되고, 재산목록 제출거부 또는 거짓 재산목록의 제출 등으로 인하여 제출된 재산목록으로는 채권을 만족시킬 수 없다는 것을 채권자가 밝혀야 한다. 재산조회는 보통 신청일로부터 1개월 정도의 시일이 걸린다.

## 나. 동산에 대한 강제집행

### (1) 유체동산에 대한 강제집행

### ☐1 신  청

유체동산에 대한 강제집행을 하기 위해서는 채무자 소유의 동산 소재지를 관할하는 법원의 집행관실에 가서 신청하면 된다.

### ☐2 절  차

(a) 법원의 집행관실에 강제집행신청서에 집행력 있는 집행권원(확정판결문·공정증서·지급명령 등)을 첨부하여 접수한 후 압류비용을 예납한다.

(b) 채무자의 동산에 압류를 한 후 감정평가 의뢰신청을 하면서 감정비용을 예납한다.

(c) 경매신청을 하면서 경매비용을 예납한다.

(d) 경매실시를 한 후 채권자는 그 매득금으로부터 채권을 회수하게 된다.

| 서 식 | 강제집행 신청서 서식 |
|---|---|

# 강제집행 신청서

인천지방법원 집행관사무소 집행관 귀하

| 채 권 자 성 명 | | |
|---|---|---|
| 주 소 | | (우편번호 : ) |
| 대리인 | (전화 : , 핸드폰 : ) | |

| 채 무 자 성 명 | (전화 : , 핸드폰 : ) | |
|---|---|---|
| 주 소 | (우편번호 : ) | |

집행목적물소재지 :

집행권원 : [○○지방법원, 공증인가 법무법인 ○○종합법률사무소]
2×××년 제×××호 집행력 있는 [판결, 인낙조서, 화해조
서, 조정조서, 이행권고결정, 지급명령, 공정증서, 심판, 인도
명령, 가압류결정, 가처분결정, 경매개시결정] 정본

집행목적물 및 집행방법 : 동산압류, 동산가압류, 동산가처분, 부동산점
유이전금지가처분, 건물명도, 철거, 부동산인
도, 자동차인도, 기타( )

청 구 금 액 :

위 집행권원에 기한 집행을 하여 주시기 바랍니다.

2004년    월    일

※ 첨부서류

1. 집 행 권 원  1통
2. 송달증명서  1통
3. 위 임 장  1통

채 권 자     ㉘

대 리 인     ㉘

신청인 주민등록번호 :

---

**※ 특약사항**

1. 본인이 수령할 예납금잔액을 본인의 비용부담하에 아래 예금계좌에
   입금하여 주실 것을 신청합니다.

   채 권 자 ＿＿＿＿＿＿ ⑳

   (예금계좌) 개설은행 : ＿＿＿  예금주 : ＿＿＿  계좌번호 : ＿＿＿＿＿＿

2. 집행관이 계산한 수수료 기타 비용의 예납통지 또는 강제집행 속행의
   사 유무 확인 촉구를 2회 이상 받고도 채권자가 상당한 기간 내에 그
   예납 또는 속행의 의사표시를 하지 아니할 때에는 본건 강제집행 위임
   을 취하한 것으로 보고 완결처분해도 이의 없음.

   채 권 자 ＿＿＿＿＿＿ ⑳

---

### ③ 부부공유 유체동산의 압류

채무자와 그 배우자의 공유로서 채무자가 점유하거나 그 배우자와
공동으로 점유하고 있는 유체동산에 대하여는 압류를 할 수 있다(압류
한 유체동산을 매각하는 경우에 배우자는 매각기일에 출석하여 우선 매
수할 것을 신고할 수 있다… 배우자의 우선매수권).

<table>
<tr><td>서 식</td><td>배우자 우선매수 등 신청서 서식</td></tr>
</table>

# 배우자 우선매수 및 매득금지급요구 신청서

사건번호 :
채 권 자 :
채 무 자 :

매득금지급요구인 :

## 배당요구의 원인

위 당사자간 ○○지방법원 집행관사무소 ×××본 ×××호 유체동산 경매사건에 관하여 매득금지급요구인은 위 채무자의 배우자로써 압류물품 공유지분에 대한 배우자 우선매수 및 매득금지급요구를 신청합니다.

## 첨 부 서 류

1. 가족관계증명서      1통
2. 주민등록등본        1통

채무자 ○ ○ ○의 배우자 ○ ○ ○   ㊞

○ ○ 지방법원 집행관사무소     귀하

㉾ : 배우자 우선매수나 배우자의 매득금지급요구 중 한 가지만을 선택할 수 있음.

### ④ 채무자가 점유하고 있는 물건의 압류

채무자가 점유하고 있는 유체동산의 압류는 집행관이 그 물건을 점유함으로써 한다. 다만, 채권자의 승낙이 있거나 운반이 곤란한 때에는 봉인 그 밖의 방법으로 압류물임을 명확히 하여 채무자에게 보관시킬 수 있다.

### 참 고   유체동산으로 보는 것

1. 등기할 수 없는 토지의 정착물로서 독립하여 거래의 객체가 될 수 있는 것
2. 토지에서 분리하기 前의 과실로서 1월 이내에 수확할 수 있는 것
3. 유가증권으로서 배서가 금지되지 아니한 것

### ⑤ 채무자 이외의 사람이 점유하고 있는 물건의 압류

채권자 또는 물건의 제출을 거부하지 아니하는 제3자가 점유하고 있는 물건은 압류할 수 있다.

### 압류물을 제3자가 점유하게 된 경우

압류물을 제3자가 점유하게 된 경우에는 법원은 채권자의 신청에 따라 그 제3자에 대하여 그 물건을 집행관에게 인도하도록 명할 수 있다.

1. 신청은 압류물을 제3자가 점유하고 있는 것을 안 날로부터 1주 이내에 하여야 한다.
2. 재판은 상대방에게 송달되기 전에도 집행할 수 있다.
3. 재판은 신청인에게 고지된 날로부터 2주가 지난 때에는 집행할 수 없다.
4. 재판에 대하여는 즉시항고를 할 수 있다.

### 6 국고금의 압류

국가에 대한 강제집행은 국고금을 압류함으로써 한다.

### 7 압류의 효력

압류의 효력은 압류물에서 생기는 천연물에도 미친다.

### 8 압류의 경합

유체동산을 압류하거나 가압류한 뒤 매각기일이 이르기 前에 다른 강제집행이 신청된 때에는 집행관은 집행신청서를 먼저 압류한 집행관에게 교부하여야 한다. 이 경우 더 압류할 물건이 있으면 이를 압류한 뒤에 추가압류조서를 교부하여야 한다.

이 때, 집행에 관한 채권자의 위임은 먼저 압류한 집행관에게 이전되며, 각 압류한 물건은 강제집행을 신청한 모든 채권자를 위하여 압류한 것으로 보게 된다. 먼저 압류한 집행관은 뒤에 강제집행을 신청한 채권자를 위하여 다시 압류한다는 취지를 덧붙여 그 압류조서에 적게 된다.

### 9 채권자의 매각 "최고"

상당한 기간이 지나도 집행관이 매각하지 아니하는 때에는 압류채권자는 집행관에게 일정한 기간 이내에 매각하도록 "최고"를 할 수 있으며, 이에 대하여 집행관이 따르지 아니하는 때에는 압류채권자는 법원에 필요한 명령을 신청할 수 있다.

### 10 배당요구의 시기

배당요구는 다음 각호의 시기까지 할 수 있다.

ⓐ 집행관이 금전을 압류한 때 또는 매각대금을 영수한 때

ⓑ 집행관이 어음, 수표, 그 밖의 금전의 지급을 목적으로 한 유가증권에 대하여 그 금전을 지급받은 때

ⓒ 공탁된 매각대금에 대하여는 동산집행을 계속하여 진행할 수 있게 된 때까지

ⓓ 가압류물을 즉시 매각하지 아니하면 값이 크게 떨어질 염려가 있거나 그 보관에 지나치게 많은 비용이 드는 경우에는 집행관은 그 물건을 매각하여 매각대금을 공탁하게 되는데, 이 공탁된 매각대금에 대하여는 압류의 신청 때까지 배당요구를 할 수 있다.

## (2) 채권과 그 밖의 재산권에 대한 강제집행

### ① 의  의

제3자에 대한 채무자의 금전채권 또는 유가증권, 그 밖의 유체물의 권리이전이나 인도를 목적으로 한 채권에 대한 강제집행을 말한다. 이는 집행법원의 압류명령에 의하여 개시한다.

### ② 집행법원

채무자 주소지를 관할하는 지방법원으로 한다.

### ③ 채권의 집행

채권의 집행은 채무자가 제3채무자(채무자의 채무자를 말한다)에 대하여 가지는 채권에 대하여 채권자가 압류 집행하는 것을 말한다(예: 물품대금·전세보증금·급여·은행예금 등).

---

**참 고** | **집행대상 피압류채권의 요건**

1. 채권이 집행채무자의 책임재산에 속할 것.
2. 독립된 재산으로 가치가 있을 것.
3. 양도가 가능할 것.
4. 법률상 압류금지 채권이 아닌 것.

### ④ 집행방법

채권자는 집행권원(확정판결문 등)에 법원으로부터 집행문을 부여받은 다음 송달증명원과 함께 법원에 채권압류 및 전부명령 또는 채권압류 및 추심명령을 신청하면 된다. 이는 채권자가 채무자에 대하여 가지고 있는 금전채권에 기하여 채무자가 제3채무자(채무자의 채무자)에 대하여 가지고 있는 채권(예 : 외상대금·전세보증금 등)에 대해 압류한 다음 채권자는 채무자를 대신하여 제3채무자로부터 돈을 회수해 오는 방법이다.

---

**전부명령**

1. 전부명령은 압류한 금전채권을 집행채권에 갈음하여 압류채권자에게 이전시키는 명령을 말한다(전부명령의 효력은 채권자가 채무자로부터 채권양수 받은 것과 같은 것임).
2. 전부명령은 다음 채권자의 배당가입이 허용되지 않기 때문에 먼저 압류한 채권자가 우선적으로 받게 된다. 또한 제3채무자와 압류채권자와의 관계에 있어서 제3채무자는 채권자에 대하여 채무자의 위치에 있기 때문에 항변의 사유가 발생하였을 때에는 항변이 가능하다. 그리고 압류채권자 이외의 채권자는 전부명령 후에는 배당요구할 수 없다.

**추심명령**

추심명령은 압류채권자에게 대위절차(채무자를 대신하는 절차)를 밟지 않고 직접 제3채무자로부터 압류채권의 지급을 받을 수 있는 권리를 부여한 명령을 말하며, 추심이 충족될 때까지 계속하여 그 효력이 유지된다. 타 채권압류 및 추심명령과 경합시에는 채권액의 비율로 배분된다.

### ⑤ 추심의 소

제3채무자가 추심절차에 대하여 의무를 이행하지 아니한 때에는 압류채권자는 소로써 그 이행을 청구할 수 있고, 집행력 있는 정본을 가진 모든 채권자는 공동소송인으로 원고쪽에 참가할 권리가 있다.

## 다. 부동산에 대한 강제집행

부동산에 대한 강제집행은 채권자의 신청(강제경매·강제관리)에 따라 법원이 한다. 채권자는 자기의 선택에 따라 강제경매, 강제관리 중 한 가지 방법으로 집행하거나 두 가지 방법을 함께 사용하여 할 수가 있다. 집행법원은 부동산소재지의 지방법원인데 부동산이 여러 지방법원의 관할구역에 있는 때에는 각 지방법원에 관할권이 있게 된다.

### (1) 강제경매

부동산에 대한 강제집행을 다음과 같은 순서에 의해 실시된다.

① 부동산 소재지를 관할하는 지방법원에 강제경매신청서를 접수
② 부동산경매개시결정 및 등기촉탁

③ 부동산의 현상, 점유관계, 차임 또는 보증금의 액수 등에 관한 집
　 행관의 현황조사 및 부동산에 대한 감정평가
④ 이해관계인에 대한 통보와 신문공고
⑤ 매각기일 잡히고 경매 실시(경매방법 : ㉠ 호가경매, ㉡ 기일입찰,
　 ㉢ 기간입찰)
⑥ 경　락
⑦ 매각허가결정
⑧ 매각대금 납부
⑨ 부동산등기(소유권 이전 및 말소 등)
⑩ 채권자에 대한 배당실시
⑪ 매각 완료(인도)


❖ **경매절차 소요기간**

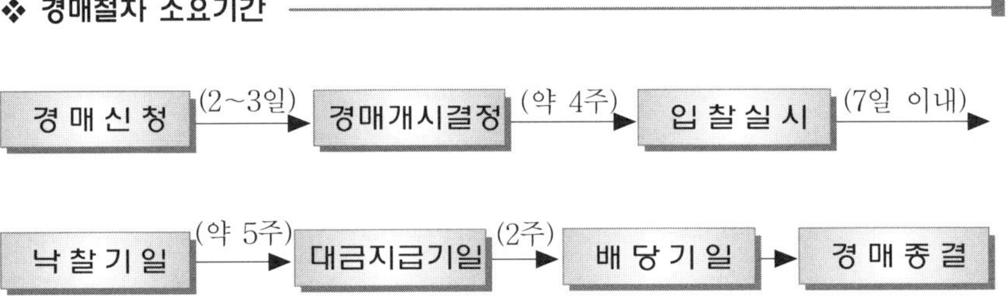

<table>
<tr><td>사 례</td><td>부동산강제경매신청서 작성사례</td></tr>
</table>

# 부동산강제경매신청서

채 권 자   서 대 문
　　　　　인천광역시 남동구 고잔동 ***번지
채 무 자   동 대 문
　　　　　인천광역시 남동구 남수동 ****번지

## 청 구 금 액

금10,000,000원 및 이에 대한 2×××년 ××월 ××일부터 완제일까지 연 20%의 비율에 의한 지연손해금

## 경매할 부동산의 표시

별지 목록 기재와 같음.

## 신 청 취 지

별지 목록 기재 부동산에 대하여 경매절차를 개시하고 채권자를 위하여 이를 압류한다.
라는 재판을 구합니다.

## 신 청 이 유

채무자는 채권자에게 위 집행권원에 따라 위 청구금액을 변제하여야 하는데 이를 이행하지 아니하므로 채무자 소유의 위 부동산에 대하여 강제경매를 신청합니다.

## 첨 부 서 류

1. 집행력 있는 판결정본　　　　　　　1부
2. 송달증명원　　　　　　　　　　　　1부
3. 부동산등기부등본(건물, 토지)　　각 1부
4. 부동산 목록　　　　　　　　　　　10부

2×××년　××월　××일

위 채권자　서 대 문　㊞

○○ 지방법원　귀중

## 별 지 목 록

1. 인천광역시 남동구 만수동 ****번지, 대지 100㎡
2. 위 지상
   시멘트블럭조 기와지붕 단층주택, 60㎡

### ⒜ 압류의 경합

강제경매절차 또는 담보권 실행을 위한 경매절차를 개시하는 결정을 한 부동산에 대해 다른 강제경매신청이 있는 때에는 법원은 다시 경매개시결정을 하고, 먼저 경매개시결정을 한 집행절차에 따라 경매한다.

먼저 경매개시결정을 한 경매신청이 취하되거나 그 절차가 취소된 때에는 법원은 민사집행법 제91조 제1항의 규정(압류채권자의 채권에 우선하는 채권에 관한 부동산의 부담을 매수인에게 인수하게 하거나, 매각대금으로 그 부담을 변제하는 데 부족하지 아니하다는 것이 인정된 경우가 아니면 그 부동산을 매각하지 못한다)에 어긋나지 않는 한도 안에서 뒤의 경매개시결정에 따라 절차를 계속 진행하게 된다.


(b) 배당요구

다음의 채권자는 배당요구할 수 있다.

㉠ 집행력 있는 정본을 가진 채권자

㉡ 경매개시결정이 등기된 후의 가압류채권자

㉢ 민법·상법 그 밖의 법률에 의해 우선변제청구권이 있는 채권자


(c) 배당순위

| 순 위 | 채권의 종류 |
|---|---|
| 0순위 | 경매비용 |
| 1순위 | (1) 소액임차보증금(주택임대차보호법 제8조 1항, 국세기본법 제35조 1항 4호, 지방세법 제31조 2항 4호)<br>(2) 상가소액임차보증금(상가건물임대차보호법 제14조)<br>(3) 최종 3개월분 임금채권, 최종 3년분 퇴직금, 재해보상금(근로기준법 제38조 2항, 근로자퇴직급여보장법 제11조 2항, 국세기본법 제35조 1항 5호) |
| 2순위 | 국세, 지방세(당해세 : 제35조 1항) |
| 3순위 | (1) 근저당권<br>(2) 전 세 권<br>(3) 확정일자부 임차보증금채권<br>(4) 국세·지방세(당해세 제외)<br>※ 주택임대차보호법 제3조의2 제2항~3항<br>  대항요건(주택의 인도와 주민등록을 마친 때 그 익일부터 제3자에 대하여 효력발생)과 임대차계약증서상의 확정일자를 갖춘 임차인은 민사집행법에 의한 경매 또는 국세징수법에 의한 공매시 임차주택(대지 포함)의 환가대금에서 후순위 권리자 기타 채권자보다 우선하여 보증금을 변제받을 권리가 있다. 다만, 임차인은 임차주택을 양수인에게 인도하지 아니하면 보증금의 우선변제를 청구하지 못한다. |

| 4순위 | (1) 1순위 임금채권을 제외한 임금<br>(2) 기타 근로관계 채권(근로기준법 제38조 1항) |
|---|---|
| 5순위 | 법정기일이 3순위 설정일자, 확정일자보다 늦은 국세, 지방세, 지방자치단체의 징수금(국세기본법 제35조, 지방세법 제31조) |
| 6순위 | (1) 고용보험료, 산업재해보상보험료(고용보험 및 산업재해보상보험의 보험료징수 등에 관한 법률 제30조)<br>(2) 국민건강보험료(국민건강보험법 제73조) |
| 7순위 | 일반채권자의 채권 |

**참 고    당 해 세**

당해세는 집행목적물에 대하여 부과된 국세와 가산금을 말하며, 당해세의 종류에는 국세인 상속세·증여세·재평가세 등이 있고, 지방세 중에는 취득세·등록세·재산세·농지세 등이 있다. 당해세는 소액임차보증금, 상가소액임차보증금, 최종 3개월분 임금채권·퇴직금·재해보상금을 제외하고는 여타 채권보다 우선한다.

## (2) 강제관리

부동산에 대한 강제집행 중 강제관리는 채무자 소유 부동산의 수익에 대하여 행하는 강제집행으로써 이는 집행대상인 부동산에 양도금지가 되어 있거나 또는 시가에 비하여 가격이 너무 싸서 바로 경매를 하기에는 불리하다고 판단될 때 부동산을 경매에 붙이지 않고 강제관리 하는 것을 말한다.

법원은 채권자의 강제관리신청이 있으면 강제관리개시결정을 하여 관리인을 임명한다. 임명된 관리인은 부동산에서 발생되는 이익금으로 먼저 관리비용과 세금 등에 충당하고 나머지 금액을 가지고 각 채권자에게 배당을 한다. 강제관리의 관할법원은 강제경매시와 동일하다.

# 부동산강제관리신청서

1. 당사자의 표시

   채 권 자  서 대 문
   　　　　　인천광역시 남동구 고잔동 ***번지
   채 무 자  동 대 문
   　　　　　인천광역시 남동구 만수동 ****번지

2. 관리할 부동산의 표시
   인천광역시 남동구 만수동 200번지
   시멘벽돌조 슬라브지붕 2층 건물
   1층 건평 120㎡, 2층 건평 80㎡

3. 청구채권의 표시
   금150,000,000원 (2×××년 ××월 ××일 대부 원금) 및 위 금원에 대
   한 2×××년 ×월 ×일부터 완제일까지의 연 20%에 의한 지연손해금

4. 관리원인채권 및 집행권원
   위 청구채권액은 ○○공증합동법률사무소 작성 2×××년 ×월 ×일
   금전소비대차공정증서의 집행력 있는 정본에 기하여 채무자가 변제할
   금원이다.

5. 신청취지 및 이유
   채무자는 위 청구채권액을 변제기일이 지나도 변제치 아니하므로 채
   권자는 위 부동산에 관한 아래 수익에서 위 청구채권액의 변제를 받기
   위하여 강제관리신청을 하는 것입니다.

6. 수익지급자 및 지급의무 내용

 채무자는 위 부동산을 아래 제3자에게 임대료 월 금1,800,000원으로 대
 여하고 있습니다.

 제3자의 표시 : 남 대 문(550114-1******)
 　　　　　　　　인천광역시 남동구 만수동 200번지

7. 관리인 추천

 다음 사람을 관리인으로 추천합니다.

 성　　　명 : ○ ○ ○
 주민등록번호 : ******-*******
 주　　　소 : 인천광역시 남동구 만수동 1234번지

8. 첨부서류

 1. 공정증서등본　　　　1부
 1. 동 송달증명원　　　　1부
 1. 부동산등기부등본　　1부
 1. 공과증명서　　　　　1부

2×××년　××월　××일

위 채권자　서 대 문　㊞

○○ 지방법원　귀중

## 7. 금전채권 외의 채권에 대한 강제집행

### 가. 물건의 인도청구권에 대한 집행

#### (1) 동산인도청구의 집행

채무자가 특정한 동산이나 대체물의 일정한 수량을 인도하여야 할 때에는 집행관은 이를 채무자로부터 빼앗아 채권자에게 인도한다.

#### (2) 부동산 등의 인도청구의 집행

채무자가 부동산이나 선박을 인도하여야 할 때에는 집행관은 채무자로부터 점유를 빼앗아 채권자에게 인도한다. 이 때의 강제집행은 채권자나 그 대리인이 인도받기 위하여 출석한 때에만 한다.

강제집행의 목적물이 아닌 동산은 집행관이 제거하여 채무자에게 인도한다. 채무자가 그 동산의 수취를 게을리한 때에는 집행관은 집행법원의 허가를 받아 동산에 대한 강제집행의 매각절차에 관한 규정에 따라 그 동산을 매각하고 비용을 뺀 뒤에 남은 대금을 공탁하여야 한다.

### 나. 집행방법의 구분

#### (1) 대체집행

대체집행에 의한 강제집행은 채무자가 채무를 이행하지 않을 때 채

권자가 법원에 청구하여 그 재판에 따라서 채권자 또는 제3자로 하여
금 채무자에 갈음하여 채권의 내용을 실현하게 하고 그 비용을 채무자
로부터 추심하는 방법이다.

> **예** : 건물 기타의 공작물을 철거하여야 할 채무나 담을 쌓아야 할 채무 등에
> 있어서 채무자가 임의로 이를 이행하지 않는 경우 채권자는 채무자로
> 부터 추심한 비용으로 인부를 사서 채권의 내용을 실현한다.

## (2) 간접강제

간접강제에 의한 강제집행은 채권자가 채무자에게 심리적 압박을
가함으로써 채무자로 하여금 채무를 이행하게 하는 방법이다. 법원은
채권자의 신청에 의하여 상당한 기일을 정하고 그 기간 내에 채무자가
채무를 이행하지 않을 때에는 그 지연기간에 따른 일정한 배상을 명하
거나 즉시 손해배상을 명하겠다는 등 채무자에 대하여 불이익을 예고
하거나 부과함으로써 채무이행을 간접적으로 강제한다.

## II. 담보권실행을 위한 경매(구 : 임의경매)

### 1. 임의경매란

임의경매란 예를 들어, 채권자가 채무자에게 돈을 빌려주고 채권담보조로 채무자 명의의 소유부동산에 저당권설정등기를 하여 두고, 이행기에 채무자가 채무이행을 하지 않았을 때 채권자는 부동산의 담보권 실행을 위하여 부동산소재지 지방법원에 담보권을 증명하는 부동산등기부등본, 근저당권설정계약서 등 서류를 첨부하여 경매를 신청하게 되는데 이와 같은 방법의 경매를 임의경매라고 한다.

### 2. 강제경매와 임의경매

#### (1) 차 이 점

경매신청시 첨부서류에 있어서 강제경매신청시에는 집행력있는 정본(확정판결문 등)이 필요하나 임의경매신청시에는 집행력있는 정본은 필요 없고 담보권의 존재를 증명하는 서류(예 : 근저당권설정계약서)를 첨부하는 것이 다르다. 그리고 공신적 효과에 있어서 강제경매는 공신적 효과(매각이 되면 집행권원상에 이상이 있더라도 번복을 할 수가 없다)가 있으나, 임의경매는 담보권에 이상이 있게 되면 그것이 매각의 효과에 영향을 미치므로 공신적 효과가 없다.

#### (2) 공 통 점

배당요구와 배당절차에 있어서는 동일하다.

# III. 임의회수

채권자가 채무자에게 돈을 빌려줄 때, 채권담보조로 채무자의 재산을 제공받은 경우와 신용으로 돈을 빌려준 후 돈을 받지 못하여 채권자 노력에 의해 찾아낸 채무자의 재산에 대해서는 강제집행의 방법으로 해결하면 된다고 앞서 설명한 바 있다.

## 1. 임의회수란

임의회수란 채무자의 재산으로부터 강제집행을 하여 돈을 회수해 왔음에도 불구하고 여전히 채권이 남아있는 경우 채권자는 채무자와의 협상 등을 통해 채무자 스스로가 채무잔액을 갚게 하는 방법을 임의변제라고 하는데, 이 때 채권자의 입장에서는 이를 임의회수라고 말한다.

## 2. 채무자가 채무변제 의사를 보일 때

채무자를 존중하는 자세로 대하면서 강압감을 주지 않도록 배려한다. 그리고 대화는 가급적 부드럽고 설득력 있게 하면서 채무변제의 당위성을 강조하고, 채무자의 현재 형편에 맞는 여러 가지 변제방법을 구체적으로 제시하면서 채무변제방법의 선택적 합의를 끌어낸다.

## 3. 채무자가 채무변제 의사를 보이지 않을 때

채무자에게 심리적인 압박을 가하면서 채권자의 채권회수의 강한

의지를 보여준다. 그리고 채무자에게 치명타를 줄 수 있는 문제가 있는 경우에는 그 사실을 구체적으로 제시하면서 채무변제의 협상을 끌어낸다.

　**예** : 채무자의 은닉재산 발견시에는 민사상 채권자취소(사해행위), 형사상 강제집행면탈죄 등

## 4. 임의변제의 독촉과 협상방법

### (1) 독　촉

#### ① 전화·핸드폰 등에 의한 방법

간단 명료하고 설득력 있는 문장을 사전에 준비를 잘한 후에 채무자의 전화 또는 핸드폰에다 채무변제 독촉을 하는 것이다. 채무자가 채무변제에 응할 때까지 지속적으로 반복해서 한다. 단, 법에서 정한 테두리 안에서만 해야 한다.

#### ② 문서에 의한 방법

내용증명, 최고장 등 강경하고 단호한 문체로 작성하여 발송한다.

---

**참　고**　　내용증명과 최고장

· **내용증명** : 내용증명이란 이러이러한 내용의 우편물을 수신인에게 틀림없이 전달하였다는 것을 국가기관인 우체국에서 증명받을 수 있는 우편제도를 말하는데, 실무에 있어서는 계약을 해제·해지할 때나 빚 독촉을 할 때 등에 주로 이용된다. 내용증명우편은 일단 당사자의 의사를 상대방에게 강력히 표시하고, 의사표시가 상대방에게 도달하였는지 여부가 문제가 되었을 경우 그 증거로 남는다는 의미만 있을 뿐, 달리 법적 효력은 없다.

- **최 고 장** : 최고장은 채권자가 채무자에게 일정기일까지 채무변제를 하라
는 서면을 말하는데, 이는 일정기일까지 채무를 이행하지 않으면 어떠한
내용의 조치를 취하겠다는 의미의 경고장에 불과한 것이다(최고장은 법원
에서 보내는 것이 아니라 채권자가 보내는 것이다).

**사 례**　최고장 작성사례

---

수 신 인 　김 철 수
　　　　　서울시 영등포구 당산동 1가 10


# 최 고 장

전략하옵고,

　귀하가 본인으로부터 차입해 간 금10,000,000원(변제일 : 2004년 1월 15
일)의 변제기일이 상당기일 경과하였음에도 아직까지도 이행치 않고 있
어 본인은 현재 재정적으로 많은 어려움에 처해 있습니다.

　따라서 귀하는 본 최고장을 받은 날로부터 10일 이내에 동 금액을 변
제하여 주시기 바랍니다. 만일 미변제시에는 즉시 강제집행에 착수할 예
정이오니 양지하시기 바랍니다.

　첨부서류 : 금전소비대차공정증서 사본 1부


2004년 5월 10일


발 신 인 　이 도 령 ㉑
　　　　　서울시 용산구 한남동 1000번지

### ③ 방문에 의한 방법

채권자가 채무자의 거주지를 방문하였을 때 채무자가 있으면서도 문을 안 열어 주거나 또는 채무자를 못 만났을 경우에 채무자의 거주지 문에다 "언제까지 연락이 없을 경우 어떤 조치를 하겠다"는 강력한 내용의 글을 메모쪽지에다 써서 붙이고 오는 방법이다.

### ④ 채무자를 수시로 찾아가 독촉하는 방법

채무자를 수시로 찾아가 채무자에게 심리적인 압박을 가해 채무변제를 독촉하는 방법이다.

### (2) 협상방법

채무자의 현재의 형편을 감안하여 형편에 맞는 채무변제 방안을 구체적으로 제시한다.

채무자에 대하여 채무액의 일부감면·변제기간의 연장 및 분할변제 방법 등을 채무자에게 제시하면서 채무자의 의중을 확인해 본다. 확인 결과 채무자가 채무변제 의사가 있어 보일 경우에는 다음 방법을 제시하여 채무자가 선택하게 한다.

(a) 채무금에 대하여 배우자를 연대보증인으로 세우게 한다(예: 금전소비대차공증, 어음공증 등).
(b) 제3자가 부동산담보를 제공하게 하여 저당권(채무액)을 설정한다.
(c) 채무인수자(채무금액 만큼의 재력 있는 자)를 구하게 한다.

---

**참 고**  채무인수 · 채무인수방법 · 채무인수효과

### 1. 채무인수

채무인수란 채무의 동일성을 잃지 않고 채무가 인수인에게 이전하는 계약을 말한다.

### 2. 채무인수방법

(1) 채권자 · 채무자 · 인수인의 3인으로 계약하는 방법
(2) 채권자 · 인수인의 2인으로 계약하는 방법(이 경우에는 채무자의 의사에 반하여 채무를 인수하지 못한다)
(3) 채무자 · 인수인의 2인으로 계약하는 방법(이 경우에는 채권자의 승낙에 의하여 그 효력이 생긴다)

### 3. 채무인수효과

전 채무자의 채무는 그 동일성을 잃지 않고 신채무자(인수인)에게 이전되고 前 채무자는 채무를 면한다. 또한 신채무자는 전 채무자가 가지고 있던 모든 항변권을 수계한다.

---

**사 례**  면책적 채무인수계약서 작성사례

# 채무인수계약서

채권자(갑)  서 대 문 (주민등록번호: ******-*******)
인천광역시 남동구 고잔동 ***번지

채무자(을)  동 대 문 (주민등록번호: ******-*******)
인천광역시 남동구 만수동 ****번지

인수인(병)  홍 길 동 (주민등록번호: ******-*******)
인천광역시 부평구 산곡동 ***번지

　　채권자 서대문을 (갑)으로 하고 인수인 홍길동을 (병)으로 하여 다음과
같이 계약을 체결한다.

다　　음

1. 채권자(갑)은 채무자(을)로부터 받을 금10,000,000원의 대여금 채권액
　 이 있다.

2. 인수인(병)은 채무자(을)의 채권자(갑)에 대한 금전지급 채무를 인수
　 하여 이를 지급할 의무를 부담한다.

이 계약서 2부를 작성하여 (갑)과 (병)이 각각 1부씩 보관한다.

2×××년　××월　××일

위　채권자(갑)　서　대　문　㊞<br>인수인(병)　홍　길　동　㊞

(d) 대물변제예약에 의한 방법으로 채무변제하게 한다.

## 참　고　　대물변제

대물변제란 채무자가 부담하고 있던 본래의 채무이행에 대체하여 다른 급여
를 함으로써 채권을 소멸시키는 채권자와 변제자 사이의 계약을 말한다. 즉
대물변제는 변제와 같은 효력을 가진다. 대물변제는 계약이라는 점에서 변제
와는 다르다(예 : 채무자가 500만원을 갚아야 할 금전채무에 대체하여 자가
용 1대를 급부하는 것과 같다).

| 사 례 | 각서 작성사례 |

종로 주식회사 대표이사 홍길동  귀하
서울시 종로구 창신동 500번지

# 각  서

본인은 금번 귀사에 대하여 지급해야 할 물품대금 금50,000,000원을 대신하여, 본인 소유의 아래 표시 토지를 금50,000,000원에 평가하고, 그 소유권을 금일 귀사에 양도하고 즉시 소유권이전 등기할 것을 승낙한다.

**(부동산의 표시)**

제주도 서귀포시 내도동 ***번지 소재    대지 300㎡

2×××년  ××월  ××일

위 각서인  서 대 문 ㉿
주민등록번호 : ******-*******
인천광역시 남동구 고잔동 ***번지

(e) 채무자에게 약속어음(문방구어음 포함)을 발행하게 하고 재력있는 자를 배서하게 한 후 영수한다.

(f) 채무자에게 제3자의 어음·당좌수표·가계수표 등이 있으면 채무자의 배서를 받아 영수한다.

(g) 채무자의 전세보증금·유가증권·골프회원권·콘도회원권 등이 있는 경우에는 채권양도하게 한다.

---

**참 고**　채 권 양 도

채권양도란 계약에 의하여 채권의 동일성을 유지하면서 이전하는 행위를 말한다. 양도는 양도인과 양수인의 합의만으로 효력을 발생하지만 양도의 효력을 제3자에게 주장하려면, 채무자를 상대로 양도가 있었다는 것을 양도인으로부터 채무자에게 통지를 하게 하거나, 채무자가 그것을 승낙하여야 한다. 채무자 이외의 제3자에게 주장하려면 통지나 승낙을 확정일자가 있는 증서(예 : 내용증명우편 등)로 하여야 한다. 이상은 지명채권(예 : 증권적 채권에 속하지 않는 채권의 대부분이 여기에 속함)에 대한 것이고. 그 밖에 증권적 채권(지시채권 · 무기명증권 · 기명소지인출급채권)이 있다.

---

**참 고**　지시채권의 양도효력

지시채권(예 : 어음 · 수표 · 창고증권 · 화물상환증 · 선하증권 · 기명주식   등)의 양도효력을 제3자에게 주장하려면 증권에 양도를 한다는 내용을 배서하여 양수인에게 교부해야 하며, 무기명채권(예 : 상품권 · 승차권 · 입장권), 기명소지인출급채권(정부나 공공단체발행의 지급명령서나 지참인출급의 서면이 있는 유가증권이 이에 속한다)의 경우에는 증권의 인도(교부)에 의한다. 다만 상법상의 증권적 채권은 증권의 배서교부에 의하여 당사자 및 제3자에 대하여 효력을 발생한다.

---

**사 례**　채권양도양수계약서 작성사례

---

# 채권양도양수계약서

　채권자 서대문을 (갑)으로 하고 채무자 동대문을 (을)로 하여 다음과 같이 채권의 양도양수계약을 체결한다.

제1조(양도하는 채권) (을)의 제3채무자 홍길동에 대한 외상채권 금 30,000,000원(2×××년 ×월 ×일 프레스 1대 구입대금, 변제기일 2××× 년 ×월 ×일)

제2조(채권의 양도) (을)은 제1조의 채권을 (갑)에게 양도한다.

제3조(양도의 통지) (을)은 지체 없이 제3채무자에게 위 채권이 양도된 사실을 확정일자 있는 증서로서 통지한다.

제4조(양도채권의 담보) (을)은 제3채무자의 자력을 담보한다. 만약, (갑) 이 제3채무자로부터 이행을 받지 못하는 경우에는 (을)은 이를 이행하 여야 하며, (을)은 이의제기를 하지 못한다.

제5조(재양도의 특약) (을)이 (갑)에게 제1조의 채권의 변제기에 도달하 기 전에 채무의 변제를 완료한 후 제1조의 채권의 재양도를 청구하면 이 양도와 동일한 내용으로 (을)을 양수인 (갑)을 양도인으로 하여 채 권양도양수의 계약이 성립하며 (갑)은 지체없이 제3채무자에게 그 사 실을 확정일자 있는 증서로 통지하여야 한다.

이 계약서를 2부 작성하여 (갑)과 (을)이 각각 1부씩 보관한다.


2×××년  ××월  ××일


채권자(갑)   서 대 문 ㉑
인천광역시 남동구 고잔동 ***번지

채무자(을)   동 대 문 ㉑
인천광역시 남동구 만수동 ***번지

| 사 례 | 채권양도통지서 작성사례 |

채무자  홍 길 동  귀하

## 채권양도통지서

1. 귀사의 무궁한 발전을 기원합니다.
2. 귀하가 본인에게 갚아야 할 물품대금(프레스 1대, 변제기일 2×××년 ×월 ×일) 금30,000,000원을 본인의 채권자인 서대문(450903-*******, 인천광역시 남동구 고잔동 ***번지)에게 2×××년 ×월 ×일자로 양도하였사오니, 동 물품대금 전액을 변제기일에 서대문에게 지급하여 주십시오.

2×××년  ××월 ××일

동 대 문 ㉖
인천광역시 남동구 만수동 ***번지

| 사 례 | 채권양도승낙서 작성사례 |

채권자(양수인)  서 대 문  귀하
　　　　인천광역시 남동구 고잔동 ***번지

## 채권양도승낙서

본인이 원채권자 동대문에게 이행해야 할 물품대금 금30,000,000원을 귀하가 양수받음에 있어 이의 없이 승낙합니다. 아울러 동 물품대금의 변제기일인 2×××년 ×월 ×일자에 전액 귀하에게 지급하겠습니다.

2×××년  ××월 ××일

홍 길 동 (우리정밀 대표) ㉖
인천광역시 남동구 고잔동 ***번지

(h) 채무자가 주식회사인 경우

채무자가 주식회사인 경우는 앞서 설명한 채무자가 개인인 경우에다 아래 내용을 추가한다.

㉠ 회사의 채무를 법인의 대표이사가 이전받도록 한다.
㉡ 회사의 제품 등의 재고자산으로 채무변제(대물변제)하게 한다.
㉢ 사무실 및 공장 등의 임차보증금을 채권양도하게 한다.
㉣ 관계회사 및 관련회사가 있는 경우, 회사의 채무를 인수 및 보증을 서게 한다.

채/권/회/수/전/문/가/김/광/선/의

## 제2판 **채권회수 핸드북**

---

지은이 / 김 광 선
펴낸이 / 이 방 원
펴낸곳 / 세창미디어
    서울 서대문구 냉천동 182 냉천빌딩 4층
    전화 · 723-8660(代)  팩스 · 720-4579
    E-mail / sc1992@empal.com
    Homepage / www.scpc.co.kr
    등록 / 1998. 1. 12 제 1-2272호(윤)

정가 **11,000**원

＊저자와의 협의하에 인지 생략합니다.

초 판 발행 / 2004년  5월 20일
제2판 발행 / 2008년  10월 15일

---

ISBN  978-89-5586-086-3  93320